"Questo libro è un capolavoro di informazioni sul veganismo. Gli argomenti sono esposti in modo semplice, profondo e significativo, che permette al lettore di riconoscere l'universale gentilezza ed amore verso tutti gli esseri senzienti."
– **Luciana Milia, Fondatrice di www.ionontimangio.com**

"Leggendo l'"Interconnessione della Vita", ti sembra di stare seduto vicino a Michael stesso, mentre apre il suo cuore e racconta la sua storia di risveglio vegano. In questo libro genuino e sincero, egli annovera tutti i motivi per cui gli esseri umani debbano smettere di sfruttare ed uccidere gli animali, se vogliono che la vita su questo pianeta sopravviva. Quello che amo di più del lavoro di Michael, però, è che riesce a trovare una soluzione per tutti noi. Egli mette in chiaro che il nostro compito di "creare la pace ed il paradiso in terra" richiede che gli esseri umani raggiungano un grado di consapevolezza del significato di amore incondizionato per tutte le forme di vita. Quest'opera aiuterà molte persone a diventare vegane ed a portare così la pace, la libertà e l'amore a tutti gli esseri viventi."
– **Judy Carman, MA, Autrice di "Peace to all Beings" e The Missing Peace" (Pace a tutti gli esseri viventi e La pace mancante)**

L'"Interconnessione della Vita" descrive, in un modo luminoso ed avvincente, le molte affinità fra il veganismo e la creazione di un mondo più sano. Michael Lanfield mette assieme storie tratte dalla propria esperienza personale, con le ricerche più recenti in tema di nutrizione ed ecologia. A tutto ciò, egli aggiunge una giudiziosa selezione di illuminate citazioni di saggi di molte epoche e provenienze. Il risultato è un banchetto letterario che può, di sicuro, ispirare e guidare i lettori verso una maggiore compassione, chiarezza, salute e comprensione: altamente raccomandato."
– **Dr. Will Tuttle, Autore del #1 Amazon bestseller "The World Peace Diet"**

"Completo – se dovessi descrivere l'"Interconnessione della Vita" con una parola, questa sarebbe l'unica che sceglierei. Michael ha messo l'anima in questo libro e, come autore, posso confermare quanto tempo e quanti sforzi richieda scrivere un libro di qualità. Michael ha scritto un libro che tratta tutti gli aspetti del veganismo. Questo libro va ben oltre i soli aspetti ambientali, salutistici ed etici del veganismo; in aggiunta a questi tre pilastri, Michael ne esamina il lato spirituale, animalista, umanitario. Ho apprezzato particolarmente la sezione sul fruttarianesimo. Michael riduce il veganismo alla sua forma più semplice, coprendo ogni aspetto a cui possiate pensare e anche di più. Quest'opera non solo spiega chiaramente tutti i dettagli dell'essere vegani, ma li collega fra loro. Questo libro è Interconnessione."

– Jon Kozak, Raw Food Lifestyle Coach (Maestro di crudismo), Personal Trainer, ed Autore di Nuts About No Nuts

Cosa dicono le persone dell'"Interconnessione della Vita"

"L'Interconnessione della Vita, di Michael Lanfield, rafforzerà la vostra personale determinazione a fare scelte etiche coraggiose, fra cui quella di diventare e rimanere vegani. Essere vegani non ha niente a che fare colle privazioni. Grazie ai suoi affascinanti capitoli, questo libro conferma che "vegan" significa affermazione di tutte quelle buone cose che arrecano beneficio al pianeta, agli animali ed a milioni di persone che soffrono. L'"Interconnessione della Vita" è uno scrigno pieno di storie ed idee per la propria crescita e gioia, pronte a concretizzarsi in rivelazione ed azioni positive. Se siete già vegani, o se avete amici e familiari che stanno per diventarlo, o che hanno bisogno di incoraggiamento, il libro di Michael è per voi e per loro."
– **Karen Davis, PhD, Autrice e Presidentessa della United Poultry Concerns (Organizzazione in difesa degli interessi di tutto il pollame)**

"Ho amato questo libro! Secondo me, è ben scritto ed attinente alla realtà dei fatti. Ottimo lavoro! Hai ovviamente dedicato molto del tuo tempo a quest'opera e riflettuto a lungo sulla sua realizzazione. Ho apprezzato le tue doti di scrittore e sono onorata di essere una delle prime ad averlo letto."
– **Victoria Everett, alias Crazy Banana Lady**

"Mi piace molto il libro di Michael. Sono stato molto lieto che egli abbia chiamato in causa il veganismo "spazzatura". E' stato interessante vedere come Michael abbia affrontato questo argomento con un crudo realismo che ti costringe a prestare attenzione alla cosa. A prescindere che ti sia piaciuto o meno, trarrai comunque beneficio da questo libro."
– **Vaughn Berkeley, MBA, Presidente del CM Berkeley Media Group**

"Se noi, in qualità di umani, dovessimo mai deviare da questo sentiero di distruzione in cui ci troviamo attualmente, diventa cruciale che noi, in quanto specie, accogliamo il concetto di nonviolenza. Il messaggio di Michael è chiaro: l'amore è la colla che lega tutto a tutto il resto ed il negare ciò ha condotto alla sofferenza su vasta scala di un numero infinito di animali, in tutto il pianeta. Se vogliamo salvare questo pianeta sull'orlo di quello che sembra un'inevitabile tragedia, dobbiamo riconoscere gli animali come nostri fratelli e comprendere che siamo qui per accompagnarli e proteggerli, non per abusare di loro, macellarli, divorarli insaziabilmente, come è tristemente stato dall'alba dei tempi. L'"Interconnessione della Vita" va ben oltre, spiegando perché abbiamo bisogno di fare un passo indietro ed esaminare il nostro rapporto con altre creature viventi e denunciare le atroci coercizioni quotidiane che essi subiscono, prima di finire macellati, a pezzettini e fritti sulle nostre tavole."
– **Mango Wodzak, Autore di Destination Eden (Destinazione Eden)**

"La vera essenza dell'"Interconnessione della Vita" sta nel nome in se stesso. L'autore ha messo per iscritto preoccupazioni, emozioni e cambiamento in un libro commovente, straziante, eppur edificante. Le sue parole sono realtà espressa in modo efficace ed agrodolce: un libro da leggere…Il cambiamento è qui!"
– **Dr. Ma Maha-Atma, Msc.D., Prema Bhakti Yogani**

"Conosco Michael da qualche anno e mi ha dato l'impressione di essere una persona generosa, con una sincera passione per gli animali e desiderio di aiutare le persone. Ho letto il suo libro e l'ho ritenuto un ottimo lavoro. Sono lieto di raccomandare l'"Interconnessione della Vita" ai lettori che vogliono saperne di più di veganismo."
– **Jenny Berkeley, RN, CHN, Autrice e Co-editrice di EternityWatch Magazine**

L'interconnessione della vita
Michael Lanfield

Introduzione di Karen Davis, PhD
Autrice e Presidentessa della United Poultry Concerns

Traduzione di Mariasole Lombardo

We Are Interconnected

Introduzione: Karen Davis, PhD, www.upc-online.org
Illustrazione di copertina: Raffaella Cosco, www.raffaellacosco.com
Idea e **progettazione del Titolo:** Michael Lanfield, www.michaellanfield.com

Pubblicato da:
We Are Interconnected
http://www.weareinterconnected.com

Grazie alle seguenti persone per il loro supporto: John Mekdeci, Susan Endlich, Viktor Turcsik, Tara Gardner, Aldona Egiert, David Shafir, Rosemary Waigh, Emily Middin, Tushar Mehta, Josephine Later, Andrei Popescu, Diane Gandee Sorbi, Rana Ta, Kimiko Yamamoto, Emily Abu-middin, Barbara Lamb, Jenny e Vaughn Berkeley dell'EternityWatch Magazine ed a tutti coloro che mi hanno sostenuto e seguito nei social media ed altrove.

DEDICA

Vorrei ringraziare tutti coloro che mi hanno aiutato a realizzare questo progetto. Vorrei anche congratularmi con chi di voi ha preso in mano questo libro per intraprenderne la lettura. Mi renderebbe molto felice se riusciste anche a trovarvi qualche spunto utile da mettere in pratica nella vostra vita quotidiana.

Molte sono le cose che mi hanno ispirato, ma la mia più grande stima ed affetto vanno al Dottor Will Tuttle, autore di un'eccellente lettura, probabilmente il più grande libro sulla faccia della Terra, "The World Peace Diet". La sua opera, le sue conferenze, video, interviste e musica mi hanno stimolato a scrivere questo mio lavoro, "L'Interconnessione della vita", che vi accingete a leggere.

Un altro libro che mi ha davvero influenzato ed ha cambiato enormemente la mia vita è "Destination Eden" di Mango Wodzak. Incoraggio tutti a leggere questi due libri.

La mia più profonda gratitudine va anche a mia madre, per essermi sempre stata accanto tutti questi anni. Se non fosse stato per lei, questo libro probabilmente non sarebbe mai stato scritto.

Infine, l'ultimo, ma non meno importante, ringraziamento va a tutti gli animali; il mio amore ed empatia vanno a tutti voi , imprigionati e macellati per colpa dell'ingordigia umana.

Non posso assolutamente dimenticare di ringraziare il mio caro amico James Smart per aver avuto l'eccezionale idea di inserire testimonianze di altri individui accomunati da idee simili alle mie, che leggerete nel Capitolo XX, "Storie di Compassione".

Michael Lanfield

INDICE

DEDICA 7

INTRODUZIONE 13

PREFAZIONE 17

CAPITOLO I - COME HA AVUTO PRINCIPIO LA VITA . 20

    Cacciatori o Raccoglitori: Lo stile di vita di sussistenza 21

    Fisiologia Umana 24

    Malattie infettive 25

CAPITOLO II DISASTRO AMBIENTALE 28

    La direzione sbagliata 28

    Cambiamenti climatici 28

    Deforestazione 30

    L'acqua 30

    I terreni 31

    Altre catastrofi 31

CAPITOLO III IMPLICAZIONI PER LA NOSTRA SALUTE 33

    OGM (Organismi Geneticamente Modificati) 34

    Il Problema dei cibi di derivazione animale 34

    Proteine 36

    Grassi 38

    Omega-3 38

    Latticini 39

    Uova 40

    La dieta vegana per la nostra salute 41

    La guida dei cibi vegani 42

CAPITOLO IV ALLEVAMENTI INTENSIVI 45

    Galline 46

    Polli e tacchini 48

    Maiali 48

Mucche...49

Il mito degli allevamenti all'aperto.........................50

Allevamenti all'aperto, libertà di movimento ed assenza di gabbie
....50

Mucche felici – Latte umano.................................51

Biologico...51

Che dire delle piccole aie di tipo biologico?...........51

Trasporto e macellazione.....................................52

Macellazione umana..52

Altri Animali..53

Antibiotici e Farmaci..53

**CAPITOLO V GLI OCEANI, LA NOSTRA ANCORA DI
SALVEZZA...55**

La pesca: un disastro ambientale..........................55

I pesci provano dolore?.......................................56

Il più grande massacro sulla Terra.......................58

**CAPITOLO VI LE RELIGIONI NEL MONDO E LE
TRADIZIONI SPIRITUALI.....................................60**

**CAPITOLO VII ALTRI MODI DI SFRUTTARE GLI
ANIMALI...66**

Animali da compagnia...66

Vestiario..67

    Pellicce...67

    Cuoio...68

    Piuma d'oca...69

    Lana...69

    Seta..69

Intrattenimento e Sport.......................................70

Test su animali (Vivisezione)................................71

CAPITOLO VIII DIRITTI UMANI..........................73

Guerre...73

Povertà e Fame nel Mondo..................................74

Famiglie spezzate..75

Problemi psicologici...76

Lavoratori sfruttati...76

CAPITOLO IX CELEBRITA' CON UNO STILE DI VITA COMPASSIONEVOLE 78

Coloro che non riescono a vedere la relazione fra animali ed esseri umani...77

Quelli che vedono il legame.................................79

CAPITOLO X COLORO CHE NON SONO VEGANI 80

Vegani e cibo spazzatura.......................................82

Estremisti Vegani...83

Gli stadi del Veganesimo......................................84

CAPITOLO XI LE PIANTE SOFFRONO? 86

CAPITOLO XII L'AMORE E' LA RISPOSTA...................... 88

Perché dobbiamo amare il prossimo............................88

Il Veganesimo è amore 95

CAPITOLO XIII LA TRANSIZIONE A VEGAN 99

Consapevolezza umana...99

Cibo di transizione 100

Costo 102

CAPITOLO XIV PERCHE' ESSERE COMPASSIONEVOLI
....104

Perché diventare attivisti?....................................104

CAPITOLO XV LA CARNE CI UCCIDE - IL VEGANISMO CI SALVA...107

Le implicazioni di una dieta a base di carne — Sintesi del perché è sbagliato mangiare animali 107

L'imperativo Vegano — Come il Veganesimo può salvare il Mondo...110

CAPITOLO XVI FRUTTARIANESIMO: IL GIARDINO DELL'EDEN 113

Cos'è il fruttarianesimo...113

Perché il Fruttarianesimo?.. 113

Un modo migliore di vivere.. 117

Fate del vostro meglio! 117

**CAPITOLO XVII IL PERCORSO VERSO LA
COMPASSIONE** **119**

Come ho rinunciato al latte.. 120

Il risveglio spirituale 120

Miele.. 122

La mia famiglia *estrema* 123

Mia madre e la sua visione quasi vegana........................... 125

Il problema dell'essere quasi vegani.................................. 126

Mia zia e le sue idee sulle fattorie a conduzione familiare.......... 129

Il viaggio di cui sono stato testimone................................ 134

CAPITOLO XVIII I MIEI PRIMI ANNI DI VITA **138**

Compagni animali... 138

Il circo 140

Lo zoo 140

Mettere tutto in discussione.. 142

CAPITOLO XIX ALTRE COMPLICAZIONI **146**

Tabacco... 146

Farmaci 146

Alcolici 146

Caffeina... 147

Cacao... 148

Fabbriche sfruttatrici (Sweatshops) 149

La morale della favola... 149

CAPITOLO XX STORIE DI COMPASSIONE...................... **151**

Storia di un biologo verso il veganismo Di Jonathan Balcombe,
PhD 151

Hamburger Helper Di Judy Carman, MA 156

Disadattamento creativo: dai diritti civili ai diritti dei polli Di
Karen Davis, PhD 161

Compassione, salute e natura–è tutto collegato Di Quinny Chiang
.... 165
La mia visita ad un macello Di Laura Lee...................................... 167
Un cammino dalla negazione alla vita compassionevole Di Diane
Gandee Sorbi.. 168
Come divenni vegano Di David Sztybel, PhD........................... 171
La mia esperienza vegana Di Coleen Tew 172
Come diventai vegano Di Matt Bear 174

POSTFAZIONE...**182**

BIBLIOGRAFIA..**185**

NOTIZIE SULL'AUTORE **203**

INTRODUZIONE

Nascosto in bella vista
Di Karen Davis, PhD

Quando insegnavo inglese all'Università del Maryland, alcuni anni fa, lanciai una rivista di componimenti studenteschi chiamata Impetus. Due temi autobiografici, in particolare, sono stampati nella mia memoria. "La mia ultima visita al circo" descrive la meraviglia di una bambina al circo — come "un regno di fantasia che diventa realtà ai suoi occhi". La storia, raccontata da Wai Lee, narra di un luogo fantastico trasformato in uno spettacolo dell'orrore, in cui ella ed i suoi sei fratelli si imbattono per errore. Anche se non riuscì a vedere con i propri occhi la misera condizione degli elefanti e delle tigri incatenati, ma tenuti lontani dalla vista del pubblico, ella vide, di sfuggita, a quale meschinità e squallore questi animali fossero sottoposti in una tenda vicina, a qualche passo dall'incanto e ne rimase traumatizzata. Esprimendo i suoi sentimenti di schock e tradimento, ella scrive: "Per me, il circo non era più un paradiso, ma bensì, un incubo."

"Attraversando la linea" parla di un conflitto di un ragazzino di tredici anni, con una sfida che lo aveva inquietato per settimane. Brian Kehoe scrive: "Da generazioni, era tradizione, da parte dei parenti di mio padre, portare i figli maschi alla loro prima battuta di caccia, raggiunti i tredici anni. Egli descrive l'angoscia che provò al pensiero di dover puntare una pistola contro un animale, mista al timore di deludere suo padre se si fosse rifiutato di uccidere.

Quando il tanto temuto momento arrivò, al comando di suo padre, Brian puntò il suo fucile contro un grande coniglio scuro. In una frazione di secondo, pervaso da un tumulto di emozioni, invece di sparare, decise di mancare il coniglio, che si rifugiò nel bosco. Quella sera, tornando a casa, suo padre uccise un altro coniglio con la sua jeep e continuò a guidare, ma Brian, vedendo il coniglio ferito sulla strada e percependo che "i suoi occhi erano ancora pieni di vita", gridò a suo padre: "Ferma la jeep! Fermala! E' ancora vivo". Il ragazzo saltò fuori dalla jeep in movimento e guardò per terra: Il coniglio era là, disteso su un fianco, con la schiena spezzata. Il giovanotto lo guardò con orrore, mentre annaspava con tutte e quattro le zampe e con gli occhi spalacati colmi di terrore ed agonia. Brian pose misericordiosamente fine alle sofferenze del coniglio e fece ritorno alla jeep, piangendo con tutta l'anima.

Un momento di trasformazione nella nostra vita ha luogo quando un'occasione romantica, idilliaca, piacevole, che avevamo amato e che avevamo dato per scontato come buona, normale e necessaria, si rivela sgradevole, inutile, brutale e malvagia. Un altro inimitabile momento è quando una cosa di cui abbiamo timore e sappiamo essere sbagliata ci mette alla prova. Soccomberemo alla pressione di fare una cosa scorretta per accontentare i nostri amici, la nostra famiglia e la nostra comunità? Ci conformeremo ad un modello ritagliato per noi da altri, allo scopo di evitare conflitti sociali? Quando arriva il momento di prendere una decisione, ci ribelleremo alle convenzioni e prenderemo e difenderemo le nostre posizioni?

Essendo cresciuta in una cittadina della Pennsylvania, andavo volentieri al circo con la mia famiglia, senza nemmeno concepire che gli elefanti in costume, in equilibrio sulla loro testa, costituissero una scena di estrema crudeltà, degrado, e squallore. Ero ancor meno consapevole che gli hotdog, che mangiavo al circo ed ai pic-nic, fossero fatti di animali e che un hotdog – come il circo stesso ed il tipico pasto quotidiano — sia una forma di inferno in bella vista. Anni dopo, quando mi unii al movimento in difesa dei diritti degli animali, scoprii le molte atrocità che venivano perpetrate "dietro le quinte" e che mi portarono ad attuare cambiamenti radicali nella mia vita.

Per quanto mi ricordo, ho sempre amato gli uccelli, i cani, i conigli e tutti gli animali e detestato la sofferenza di creature indifese.

Quando l'oca da compagnia del nostro vicino fu investita da un'automobile di fronte a casa nostra, mi sentii molto male. Quando ero all'università, l'apprendere dei campi di concentramento nazisti e dei campi di sterminio di Stalin mi fece stare così male, che abbandonai gli studi. Qualche anno dopo, visitai ingenuamente il Golfo di San Lorenzo, per vedere i cuccioli appena nati di foche della Groenlandia sul ghiaccio con le loro madri, solo per assistere alla loro mattanza. Questa esperienza fu così traumatica, che, per dieci anni, mi tenni lontana da ogni accenno di animali torturati dagli esseri umani.

La compassione senza coraggio, però, non esiste. Affinché essa conti, dobbiamo mettere in pratica quello che abbiamo imparato e trasformare il nostro rancore in qualcosa di positivo. Dobbiamo dire "No" al circo, all'impallinare un piccione od un coniglio per fare contento papà. Dobbiamo rifiutare un sistema che sostiene che "Dio" sia contrario ai matrimoni omosessuali, o fra diverse etnie, alle madri single e dobbiamo dare tutto il nostro amore e mostrare il meritato rispetto a tutte le creature dotate di sentimenti. Dobbiamo smetterla di trattare la natura come il nostro personale sacco dei rifiuti. Dobbiamo sostituire il dolore e la distruzione con la vita ed i gesti d'amore, una volta esserci resi conto che abbiamo a cuore il destino del pianeta.

L'"Interconnessione della Vita", di Michael Lanfield, rafforzerà la vostra personale determinazione a fare scelte etiche coraggiose, fra cui quella di diventare e rimanere vegani. Essere vegani non ha niente a che fare colle privazioni. Grazie ai suoi affascinanti capitoli, questo libro conferma che "vegan" significa affermazione di tutte quelle buone cose che arrecano benificio al pianeta, agli animali ed a milioni di persone che soffrono. L'"Interconnessione della Vita" è uno scrigno pieno di storie ed idee per la propria crescita e gioia, pronte a concretizzarsi in rivelazione ed azioni positive. Se siete già vegani, o se avete amici e familiari che stanno per diventarlo, o che hanno bisogno di incoraggiamento, il libro di Michael è per voi e per loro. Ora è il momento perfetto per fare il Grande Passo"

– Karen Davis, PhD, Autrice e Presidentessa della ***United Poultry Concerns*** (Organizzazione in difesa degli interessi di tutto il pollame)

— La United Poultry Concerns è un'organizzazione no profit che promuove il trattamento compassionevole e rispettoso dei gallinacei domestici ed annovera anche un santuario per polli in Virginia. www.upc-online.org

Sono occorsi cinque anni per scrivere questo libro. Mentre butto giù questa introduzione, un vortice di pensieri ed idee aleggia caoticamente nella mia mente. Come posso spiegare le vicende e motivazioni che hanno dato origine a questo libro? Persino ora, è difficile descrivere il mondo che immagino per il futuro. Come faccio a descrivere quello che mi ha portato fino a qui? Ci sarà mai qualcuno che mi prenderà sul serio?

Le storie, le idee ed i fatti illustrati in questo libro derivano da anni di esperienze e ricerca scientifica. Spero di saperne fare buon uso ed illuminarvi sul perché gli animali non umani giochino un ruolo chiave per la sopravvivenza del pianeta. Senza di essi, con tutta probabilità, oggi non saremmo vivi.

Non sarebbe fantastico se tutti noi vivessimo in un mondo fatto di pace, senza dovere temere criminalità o furti? Non ci sarebbero più serrature, chiavi, o sistemi di sicurezza. Non sarebbe bello se non esistessero fame nel mondo, guerre, o terrorismo? Che ne dite di abbondanti fonti di energia gratuita, alimenti freschi ed acqua pulita per tutti? Un mondo del genere è perfettamente possibile.

Non sto parlando di un mondo immaginario o di fantasie campate in aria. Questo è un progetto, una serie di passi che ognuno di noi può seguire per raggiungere un mondo colmo di prosperità, amore e pace. Perché questo si realizzi, abbiamo bisogno di discostarci dal modo di pensare tradizionale ed applicare nuovi principi alle nostre vite. Se vogliamo veramente vivere in pace dobbiamo pensare in modo radicale (in confronto al resto della società). Potete vederlo voi stessi, la ragione per cui ci troviamo in un tale caos è perché viviamo in una società materialistica, distruttiva, avida di denaro, dove spadroneggia l'egoismo.

Rendersi conto dell'estensione dei nostri problemi ed agire di conseguenza rappresentano i primi gradini da percorrere per liberare noi stessi. In seguito, potremo insegnare ad altri gli stessi principi. Questi sono insegnamenti antichi, che potremo ritrovare all'interno di tutti noi.

Quando stavo per iniziare a scrivere questo libro, decisi non solo di includere la mia testimonianza di "risveglio", ma anche quelle di altre persone. Come risultato, biologi, filosofi, autori ed attivisti che hanno fatto il grande salto verso uno stile di vita vegano condivideranno le loro storie nel Capitolo XX.

Spero sinceramente che questo libro possa aiutarvi a ricavare qualche idea da mettere in pratica nella vostra vita, ma semplicemente il fatto che lo leggiate significa molto. Anche se screditaste il libro nel suo insieme, o pensaste ad esso come debole, purché lo leggiate con una mentalità aperta ed assorbiate tutte le idee presentate, applicandole con comodo, ne sarò soddisfatto.

Il mio scopo non è quello di convincere nessuno. Sono qui solo per illuminare i lettori sul fatto che la vita può essere davvero diversa. Possiamo vivere in un paradiso simile all'Eden, se solo lo vogliamo veramente. Ancora una volta, non mi riferisco ad una fiaba o ad un mondo immaginario; possiamo realmente vivere in un mondo privo di violenza e sofferenza, ma solo se lo desideriamo con tutto il cuore e ci prodighiamo per renderlo possibile.

Esistono testimoni di quanto detto. Nel Capitolo XX, "Storie di risveglio", vengono esposte storie vere tratte dalla vita di numerose grandi persone: il biologo ed autore Jonathan Balcombe, l'attivista ed autrice di "Peace to all Beings" (Pace per Tutti gli Esseri Viventi) e "The Missing Peace" (La Pace che Manca) Judy Carman, le attiviste Diane Gandee Sorbi e Laura Lee e molti altri ancora! Secondo me, queste sono grandi persone, che hanno fatto qualcosa per rendere il mondo un posto migliore. Essi non sono solo meravigliosi: ognuno di essi è la conferma vivente che ciascuno di noi può "essere il cambiamento che vogliamo vedere nel mondo", come disse il Mahatma Gandhi.

Non sto rivendicando di essere un esperto su ogni cosa;

apprendo leggendo libri ed articoli su Internet, guardando documentari ed imparando a capire la Madre Terra e le lezioni che essa mi impartisce. Cerco di verificare la veridicità di un fatto prima di condividerlo, tentando di mettere per iscritto i miei pensieri il più chiaramente possibile. Naturalmente, gli indirizzi internet e le mie fonti cambiano col tempo, poiché non è sempre possibile verificare ognuno di essi, ma farò il possibile per aggiornarli man mano che mi accorgerò di qualche incongruenza.

Nel caso ci sia qualche discrepanza con qualsiasi delle informazioni qui di seguito presentate, mi può essere fatto notare contattandomi attraverso il mio sito internet. Il mio scopo è quello di assicurarmi che tutto il lavoro qui contenuto sia stato accuratamente documentato ed attentamente verificato.

A prescindere dalla vostra età od affiliazione o non affiliazione religiosa, chiunque può comprendere i concetti delineati in questo libro e tradurli in realtà nella vita di tutti i giorni. Dopo cinque anni passati a scrivere e ad esplorare la mia anima, è con mio grande piacere che mi trovo ad offrirvi "L'Interconnessione della vita"... Continuate a leggere, amici miei...

CAPITOLO I
COME HA AVUTO PRINCIPIO LA VITA

L'interconnessione di tutta la vita è semplicemente questo: renderci conto che siamo tutti interconnessi gli uni con gli altri e che dipendiamo gli uni dagli altri per sopravvivere. Dobbiamo amarci gli uni con gli altri incondizionatamente per sopravvivere. Il concetto di amore include non solo noi umani, ma tutte le creature. Nessuno è in alcun modo escluso, dal momento che amore incondizionato significa, per definizione, che non vengono poste restrizioni a chi o cosa amiamo. Quando amiamo gli esseri umani, dobbiamo amare anche gli animali e la natura, o il nostro amore non è davvero incondizionato.

Innanzitutto, concentriamoci sul problema che ha originariamente stravolto il concetto di amore universale: la cultura pastorizia. Questa è iniziata circa diecimila anni fa in Medioriente, in quell'area allora conosciuta come la Mezzaluna Fertile (l'odierno Iraq) e si è diffusa in breve nel mondo.[1-3] Prima di questo periodo, sembra che gli essseri umani fossero stati esseri amorevoli e compassionevoli, dediti alla coltivazione della terra ed alla ricerca di frutta ed altre piante di cui sfamarsi. La nascita di tradizioni pastorizie è stata considerata una svolta decisiva nella storia della nostra civiltà, ma in ultima analisi, ha condotto alla distruzione del pianeta.

Fin dagli albori della rivoluzione pastorizia, siamo programmati a credere che gli umani siano all'apice di una gerarchia e che possano dominare gli altri esseri viventi e distruggere la natura che li circonda. Questo ha apprezzabilmente mutato il nostro modo di pensare rispetto a quello che fu un tempo.

Gli antropologi sono giunti alla conclusione che i primi umani si nutrissero principalmente di piante, di cui la frutta costituiva la componente prevalente.[4] Dal momento che gli umani provengono dalle aree tropicali dell'Africa, era naturale, per noi, raccogliere deliziosa e sugosa frutta matura, assieme a piccole quantità di vegetali quali tuberi, frutta secca e semi.

Quando gli umani cominciarono a vivere in climi più rigidi, andarono molto probabilmente in cerca di un altro tipo di cibo che crescesse in quelle zone. E' in questa circostanza che essi cominciarono a mangiare carne, ma solo per sopravvivere, dal momento che era difficile reperire piante di cui nutrirsisi, data la loro scarsità. Tuttavia, la quantità di cibo di origine animale nella dieta di questi antenati era ancora relativamente modesta in confronto a quella che consumiamo oggi. Al giorno d'oggi, il cibo spazzatura di derivazione animale è l'elemento predominate della nostra dieta e solo circa un cinque per cento di essa consiste di frutta fresca e verdure.[5] Molto probabilmente, per i nostri antenati, queste cifre dovevano essere invertite.

Cacciatori o Raccoglitori: Lo stile di vita di sussistenza

Nessuno sa se la nostra società fosse costituita più da cacciatori o raccoglitori. Gli antropologi e paleoantropologi, analizzando la struttura ossea facciale dei primi esseri umani (ominidi), hanno scoperto che costoro si cibavano per lo più di frutta che essi stessi raccoglievano, piuttosto che vivere di caccia.[6]

"La struttura dell'uomo, interna ed esterna, comparata con quella di altri animali, dimostra che frutta e succulente verdure sono il suo cibo naturale."[7]
Carolus Linnaeus

"E quale cibo compone la maggior parte della dieta dei babbuini? La frutta, naturalmente; così, gli esseri umani hanno percorso gran parte del loro cammino in qualità di fruttariani."[7]
Rynn Berry

"Tutte le prove disponibili di natura scientifica indicano che gli umani sono scimmie frugivore. A prescindere da quanto grande ed arrogante sia il nostro ego culturale, e tralasciando insostenibili dogmi religiosi instaurati migliaia di anni fa da individui ignoranti che non sapevano assolutamente niente di biochimica, anatomia comparata, genetica, o di scienze, la nostra fisiologia è quella di una scimmia frugivora."[7]
Laurie Forti

"La conoscenza che noi acquisiamo dall'anatomia ci dice, senza ombra di dubbio, che per natura eravamo destinati ad essere frugivori e che vivere di carne viola le leggi fondamentali del nostro essere…Il mangiare carne è l'antitesi dell'amore. Dobbiamo adoperarci per l'abolizione dei mattatoi, quei lager dove dipana così tanta crudeltà. Dobbiamo cercare di liberare l'umanità dalle catene che la legano così pesantemente ed inderogabilmente all'immoralità d'Egitto e sgravare di questo spaventoso fardello gli esseri senzienti—nostri fratelli minori, legati a noi da un rapporto di fratellanza—che dimentichiamo e manchiamo di trattare con amore fraterno."[8]
Gordon Latto (ventiduesimo Congresso Mondiale Vegetariano 1973, Ronneby Brunn, Svezia).

Anche se fossimo i cacciatori che reclamiamo di essere, ora come allora, non avevamo gli strumenti o le armi per uccidere prede né tantomeno lacerarne le carni . Arco, freccia e lancia, inventati circa trentamila anni fa, hanno rappresentato la prima forma di armi documentata.[9] Oggigiorno, il nostro stile di vita non si fonda su sussistenza o necrofagia. I cacciatori giustificano le loro azioni paragonandosi agli uomini primitivi, le cui società di tipo indigeno erano fondante su caccia e raccolta. Tuttavia, oggi, molte popolazioni indigene possono contare su negozi d'alimentari e centri commerciali per soddisfare tutti i bisogni che il loro stile di vita esige. Esistono, al mondo, alcune eccezioni constituite da piccoli gruppi etnici che dipendono ancora dai frutti della terra e dagli animali per procacciarsi il cibo.

I cacciatori, come molti onnivori, giustificano le loro abitudini asserendo che esse siano più sostenibili rispetto agli odierni allevamenti intensivi. Anche se—bisogna riconoscerlo— queste consuetudini siano meno violente e più sostenibili degli allevamenti intensivi, questo non è affatto lo stile di vita a cui siamo destinati per natura. Gli esseri umani non sono concepiti per essere le brutali macchine di morte dipinte alla televisione, nei film e video games. Siamo intesi come esseri amorevoli e compassionevoli dediti alla coltivazione della terra.

Nessuno sa veramente il motivo per cui originariamente, in quanto specie, siamo migrati a nord. Questo fenomeno può essere interpretato come una ricerca di cibo quando esso si fece scarso. Quello che sappiamo è che quando ci spostammo verso Nord, le piante divennero anche più difficili da reperire. Dipendavamo da tuberi ed altre piante di tipo alpino che crescevano a nord dei tropici; Vivevamo di sussistenza e mangiavamo qualsiasi cosa riuscissimo a trovare. Potevamo considerarci saprofagi. Era questo, con tutta probabilità, l'unico periodo in cui questo stile di vita potesse essere considerate ammissibile o, almeno, meno crudele.

Ogniqualvolta noi uccidiamo un animale selvatico, la natura ne pagherà le conseguenze. Togliere la vita a qualsiasi creatura è un atto deplorevole in se stesso Quando ammazziamo anche solo un animale in natura, rischiamo di stravolgere l'equilibrio della sua famiglia. Potremmo aver ucciso una madre con prole. Come potranno quei cuccioli badare a se stessi in un ambiente selvatico? Sfortunatamente, quegli animali, resi orfani, alla fine soccomberanno. E' comprensibile che persone che vivano di sussistenza causino la morte di animali per sopravvivere o sfamare il loro villaggio, ma queste premesse per noi non sussistono. Quando assassiniamo anche un solo animale, potremmo effettivamente determinare la fine della sua intera famiglia.

I cacciatori che si danno a quest'attività a scopo ludico-sportivo sono i peggiori di tutti; queste pratiche sono assolutamente inutili alla sopravvivenza. La caccia, in questo caso, è uno sport che provoca solo spargimenti di sangue. Altri sport sanguinari sono il coursing ed i combattimenti fra galli o cani, che fanno un gran numero di vitttime ogni anno. Nei soli Stati Uniti, i cacciatori sono responsabili del decesso di più di 200 milioni di animali ogni anno.[10]

Oltretutto, le proteine animali sono proteine "estranee", che il nostro organismo non riesce a digerire.[11] Gli animali selvatici, anche se non da allevamento intensivo, contengono sempre grassi, colesterolo ed ormoni di origine naturale, tossici per il nostro sistema immunitario.

Fisiologia Umana

Non siamo né carnivori né onnivori per nostra natura. Anche se possiamo consumare sia piante, sia animali, non siamo biologicamente progettati per farlo. La nostra saliva è alcalina e contiene un particolar enzima necessario a predigerire cibo di origine vegetale (e solo di origine vegetale). Gli animali carnivori, al contrario, sono dotati di una saliva acida ed il loro stomaco produce una grande quantità di acido cloridico, necessario alla digestione della carne. Essi possiedono un intestino corto per un rapido rilascio di cibo acido. Il nostro intestino, invece, è lungo, da cui ne consegue che ingerire cibo animale danneggia il nostro corpo. Il cibo di origine animale imputridisce per giorni nel nostro colon, cosa che spesso comporta costipazione.[11]

Per di più, gli esseri umani non sono muniti di artigli affilati o fauci enormi, né tantomeno di zanne per lacerare la carne cruda. I nostri denti non hanno la forma di affilati canini, abbiamo molari piatti e piccole bocche per triturare piante. I più grandi animali al mondo, come, per esempio, bufali, giraffe ed elefanti, sono per loro natura erbivori. Essi si nutrono di erba, foglie ed altri cibi di origine vegetale. I loro denti sono simili ai nostri. Gli esseri umani non sono predisposti a mangiare cibo di origine animale. Non saremmo mai in grado di balzare addosso ad un animale ed affondare i denti nelle sue carni o bere dalle sue mammelle. Il solo pensiero è assurdo.

> "E' chiaro che gli esseri umani possiedono il tratto gastrointestinale di un vero e proprio erbivoro. L'uomo non mostra le caratteristiche strutturali miste che ci si aspetta di trovare nell'anatomia di onnivori quali l'orso ed il procione. Quindi, dal confronto del tratto intestinale degli esseri umani con quello di carnivori, erbivori ed onnivori, dobbiamo concludere che il tratto intestinale umano è destinato ad una dieta fatta puramente di piante."[12]
> **Milton R. Mills, MD**

Malattie infettive

Le persone subiscono un tale lavaggio del cervello da credere che le malattie siano sintetizzate in laboratorio per mano dell'uomo. Tuttavia, ricerche condotte da molti dottori e scienziati, incluso Michael Greger, MD, smentiscono questa convinzione. Secondo la Humane Society of the United States (HSUS), tre quarti delle malattie conosciute del nostro tempo derivano dal mangiare animali.[13]

Nel suo ultimo libro, "Influenza Aviaria", Michael Greger osserva: "Il primario di virologia al Queen Mary Hospital di Hong Kong ritiene che la causa e soluzione dell'[H5N1] stiano nell'industria del pollame"[14]

> "Gli scienziati che hanno tentato invano di infettare volontari umani con virus di anatre selvatiche in laboratorio, hanno anche cercato di far passare il virus da una persona all'altra per potenziare il contagio fra persone. Essi spruzzarono un milione

di dosi contagiose sul naso di un primo soggetto, ne inocularono poi un secondo con il muco del primo e così via. Malgrado gli alti dosaggi usati e cinque passaggi da persona a persona, il virus non riuscì ancora a diffondersi. Uno studio pubblicato nel 2006 nella rivista "Clinical Infectious Diseases" evidenziò che gli allevatori di maiali sono fino a 35 volte più esposti al contagio da virus dell'influenza suina di quelli la cui occupazione non prevede contatto con questi animali. Al contrario, studi condotti sul personale addetto alla salvaguardia della fauna selvatica canadese hanno trovato i soggetti in esame sempre negativi al virus di uccelli acquatici. [29, 30] Nell'Iowa, un cacciatore di anatre ed alcuni esperti di fauna acquatica mostrarono segni di esposizione a virus di uccelli selvatici. Nonostante ciò, i virus dell'influenza trovati in animali selvatici—allo stato inalterato così come si trovano in natura—non sembrano costituire una minaccia per l'uomo."[15]

"Finché ci sarà pollame, ci saranno pandemie."[16]
Michael Greger, MD, Medico, Autore ed Oratore

Il vicepresidente del Comitato per l'Ambiente del Parlamento Europeo, in un comunicato stampa, ha detto:
"Gli allevamenti intensivi e le reti di trasporti su scala globale sono alla base dello sviluppo e diffusione di malattie quali l'influenza aviaria. L'Unione Europea deve agire adesso per prevenire un ulteriore scoppio di queste malattie. Devono essere presi provvedimenti per regionalizzare la produzione, ridurre le distanze dei transporti ed imporre standard atti a salvaguardare gli animali, in modo tale da eliminare

progressivamente gli allevamenti intensivi europei negli anni a venire."[17]

Quando gli animali sono allevati in stretta vicinanza fra loro, come nel caso degli allevamenti intensivi, la probabilità di proliferazione di malattie infettive, inclusa l'influenza, aumenta. E' molto improbabile che l'influenza si propaghi da un uccello ad un altro in cortili o in stormi selvatici. [18]

A causa dell'addomesticamento di:[19]

Mucche e Pecore
Veniamo infettati dal virus del *morbillo*
Causato dal *virus rinderpest*

Cammelli
Contraiamo il *vaiolo*
Originato dal *camelpox*

Maiali
La *pertosse*

Polli
La *febbre tifoidea*

Anatre
L'*influenza*

Bufalo d'Acqua
La *lebbra* (anche detta *morbo di Hansen*)

Cavalli
Il *comune raffredore*

CAPITOLO II
DISASTRO AMBIENTALE

"L'ambiente è intrinsecamente collegato a noi: inspiriamo costantemente l'ossigeno prodotto da altre creature e disciolto nell'atmosfera ed espiriamo anidride carbonica consumata a sua volta da altri esseri viventi; beviamo l'acqua fresca delle sorgenti disseminate nel nostro ambiente e consumiamo cibo derivante da altri esseri viventi che, in seguito, espelliamo nel territorio sotto forma di escrementi. A loro volta, questi diventano cibo per altri essseri, etc...E' importante comprendere questo fitto legame[...]"[1]
Tracey Hamilton

La direzione sbagliata

Ci viene caldamente raccomandato da governi ed amministrazioni locali di non sprecare energia ed acqua cambiando i bulbi della doccia ed usando servizi igienici a basso flusso e di guidare automobili ibride. E' questa la soluzione più appropriata? Malgrado queste azioni rechino grande beneficio, la conservazione non è la risposta. o, meglio, non è l'unica. Dobbiamo renderci conto che l'atto di allevare animali, in qualsiasi sua forma, implica un enorme dispendio di risorse. Numerosi studi hanno dimostrato che il passare ad una dieta a base di vegetali contribuirà nella lotta ai cambiamenti climatici, così come ad altri problemi di carattere ambientale. [2]

Cambiamenti climatici

Secondo un rapporto del 2006 emesso dall'Organizzazione delle Nazioni Unite per l'Alimentazione e l'Agricoltura (FAO), intitolato La "Lunga Ombra del Bestiame", il diciotto per cento delle emissioni annuali di gas serra è attribuibile agli allevamenti intensivi.[3] Un'altra analisi condotta dal World Watch Institute nel 2009 ha rivelato che almeno il cinquantuno per cento di tutte le emissioni di carbonio sono collegabili agli allevamenti intensivi di bestiame ed ai loro sottoprodotti. Questa quantità supera il totale di tutte le forme di transporto messe assieme.[4]

Un libro altamente raccomandato sull'impatto negativo degli allevamenti intensivi è "From Crises to Peace: the Organic Vegan Way is the Answer (Dalla crisi alla pace: la strada della dieta vegana biologica é la soluzione)", del Sommo Maestro Ching Hai.[5] Secondo il canale vegano internazionale no profit Supreme Master Television, l'ottanta per cento del riscaldameno globale potrebbe essere arrestato se tutti noi passassimo ad una dieta vegana.[6]

Anche gli escrementi degli animali da allevamento, le loro flatulenze, le loro eruttazioni ed i loro respiri contribuiscono al cambiamento climatico emettendo metano nell'aria e nei nostri corsi d'acqua.[7] I feedlot (ambienti confinati per l'allevamento intensivo del bestiame n.d.t.) e gli allevamenti intensivi gestiscono i rifiuti prodotti dagli animali incanalandoli in enormi cloache a cui danno eufemisticamente il nome di lagune. Queste gigantesche lagune inquinano il nostro ambiente, ed, a volte, fuoriescono riversandosi nei vicini laghi, fiumi e torrenti, causando la morte di milioni di pesci, uccelli ed altri animali.[8]

Alcuni credono che mangiare "locale" possa aiutare a ridurre l'entità di questi problemi, la quantità di rifiuti e la distruzione causata dagli allevamenti intensivi. Tuttavia, secondo un rapporto della World Preservation Foundation, "Una dieta vegana riduce le emissioni sette volte più del nutrirsi di cibo prodotto a livello locale."[9] Questo significa che neppure il mangiare locale riesce a contribuire quanto il diventare completamente vegani.

Al fine di produrre alimenti di origine animale, dobbiamo innanzitutto nutrire e far crescere gli animali, trasportarli nei mattatoi, macellarli, congelarli e consegnarli ai supermercati. E non dimenticate il gran dispendio di luce, riscaldamento ed altre risorse energetiche

che occorrono per l'allevamento intensivo degli animali.

"Una riduzione sostanziale del nostro impatto negativo sarebbe possibile solo con un cambiamento sostanziale della nostra dieta su scala mondiale, in totale assenza di prodotti animali."[10]
United Nations Environmental Programme

Deforestazione

Suppergiù, fino ad un acro e mezzo di foreste nel mondo viene abbattuto ogni secondo così che gli esseri umani possano rimpinzarsi di cibo di origine animale. Lo scopo è quello di coltivare mangimi per animali da allevamento e bestiame da pascolo. Un vegano, in media, risparmia un acro ogni tre all'anno.[11] Secondo alcuni resoconti, negli ultimi duecento anni, sarebbe stato disboscato il settanta per cento—o più— delle foreste in tutto il mondo.[12]

L'acqua

Allevare gli animali per ricavarne del cibo comporta anche un ingente spreco d'acqua. Circa l'uno per cento dell'acqua dolce a livello mondiale è utilizzabile ed il settanta per cento di quest'acqua dolce viene sottratto ed impiegato negli allevamenti intensive di animali.[13] Secondo il World Watch Institute, il ventitre per cento dell'acqua mondiale è destinato all'agricoltura.[14] Infatti, occorre più acqua per produrre una libbra (circa mezzo Kg) di bistecca o un bicchiere di latte di quella che ne occorre per produrre patate.

David Pimentel così spiega:
"I dati in nostro possesso indicavano che un bovino da carne consumava 100 kg di fieno e 4 kg di grano per ogni kg di carne di manzo prodotto. Seguendo la regola basilare che sono necessari 1.000 litri d'acqua per produrre 1 kg di fieno e grano, ne consegue che ne occorrono circa 100.000 litri per produrre 1 kg di

carne bovina"[15]

I terreni

Il World Watch Institute ha rivelato che il ventisei per cento dei terreni in tutto il mondo è adibito al pascolo di bestiame ed il trentatre per cento è riservato alla coltivazione di foraggio per il bestiame.[16] In ogni caso, un'altra stima, estrapolata da *La lunga ombra* della FAO, indica che "Un cospicuo settanta per cento di tutti i terreni agricoli viene adoperato per alimentare animali da allevamento". A partire dal 1970, si è cominciato a destinare più del novanta per cento della stessa foresta pluviale Amazzonica al pascolo di bestiame.[17]

Il Dott. Douglas Graham, autore di la dieta 8/10/10 sostiene che

"Ricorrendo alla frutta ed alla verdura come nostra primaria fonte di sostentamento, potremmo addirittura produrre 100 volte più cibo per acro di quanto siamo in grado di fare seguendo una dieta occidentale standard. Potremmo nutrire cento volte più persone al mondo, consumando un centesimo dell'estensione della terra che invadiamo attualmente, liberando una straordinaria quantità di terreno ed energia per lo svago o altre attività salutari."[18]

Altre catastrofi

Una dieta vegana è in grado di ridurre o, forse, addirittura, porre termine alle catastrofi ambientali. A causa della nostra dipendenza da alimenti di derivazione animale, stiamo perdendo terreno coltivabile ad una velocità allarmante. Negli Stati Uniti del Sud, i pascoli di bovini stanno provocando la desertificazione dei terreni. Siccità, erosioni ed altri disastri ambientali stanno diventando all'ordine del giorno. La natura non ha nessuna colpa di tutto questo, i colpevoli siamo noi. Secondo un rapporto del 2006, stilato dalla LEAD

(Livestock, Environment and Development Initiative) della FAO: "L'industria del bestiame è una dei maggiori responsabili del degrado ambientale su scala mondiale."[19]

Questo capitolo è stato tradotto in parziale collaborazione con Giovanna Leonori Cecina

CAPITOLO III
IMPLICAZIONI PER LA NOSTRA SALUTE

"Un regime alimentare non è qualcosa da seguire per qualche giorno, settimana o mese. Questo dovrebbe, altresì, costituire la base del nostro modo di nutrirci quotidiano per il resto della nostra esistenza."[1]
Michael Greger, MD, Medico, Autore ed Oratore

Dopo aver letto il libro *Destination Eden* di Mango Wodzak[2] e dopo anni di letture autodidatte di centinaia di altri libri, riviste, articoli su Internet su salute ed alimentazione, sono giunto alla conclusione che la scienza della nutrizione non abbia l'importanza che le attribuiamo. In realtà, esistono così tante teorie contrastanti e studi scientifici, da aver perso fiducia persino nei confronti della vera scienza.

Tutti sappiamo dai libri di testo e dai nostri genitori, che frutta e verdura (ovviamente, al loro stato naturale—cioè crude e non trattate) rappresentano il cibo più salutare di cui disponiamo. Ciò significa, naturalmente, che dobbiamo consumare succulente verdure (come quelle a foglia verde) e succosi frutti prima di qualsiasi altro alimento.

Sappiamo anche che il nostro palato predilige cibi dolci e la frutta, dolce di per se stessa, è perfetta a tale scopo. Indubbiamente, mangiare solo frutta può sembrare strano a gran parte di noi, dal momento che non veniamo educati a nutrirci solo e soltanto di frutta. Consiglio vivamente di leggere il libro di Wodzak, "Destination Eden", che tratta quest'argomento.[2] Anche se non tratto approfonditamente di nutrizione quanto un tempo, sono ancora disponibile a fornire informazioni sull'importanza di una corretta alimentazione vegana, ricca di frutta, a scapito di una dieta standard occidentale dove abbondano carne, latticini ed uova.

In pratica, non abbiamo bisogno di contare le calorie o avere una profonda comprensione dei principi nutritivi presenti nel cibo, ma è bene averla quando si è agli inizi. Una volta che la nostra dieta è progredita prima verso il veganismo e poi verso il crudismo e fruttarismo, conoscere le sostanze nutritive non è più così essenziale. Finchè mangeremo alimenti non raffinati, a basso contenuto di grassi ed interamente vegetali, andremo alla grande.

Abbiamo appreso dai capitoli precedenti che una dieta a base di derivati animali reca danni gravissimi all'ambiente, distruggendo non solo la natura che ci circonda, ma anche le tane ed i nidi di milioni di creature che vivono all stato selvatico. Questo stile di vita non danneggia solo l'ambiente, ma anche la nostra stessa salute.

OGM (Organismi Geneticamente Modificati)

Al giorno d'oggi, alcuni generi alimentari sono geneticamente modificati. In Canada, grano, soia, olio di canola e barbabietole da zucchero sono geneticamente modificati.[3]

Sfortunatamente, molti altri alimenti contengono uno o più di questi altri ingredienti. In Nord America, non è richesto che cibi contenenti OGM vengano etichettati, cosicché non sappiamo cosa stiamo mangiando o dando ai nostri figli.[4] Se nutrite delle perplessità su cosa sia geneticamente modificato e cosa non lo sia, acquistate prodotti organici quando possibile. Questi ultimi non sono geneticamente modificati.

Potreste pensare che questo rappresenti il problema peggiore con cui dobbiamo avere a che fare, ma non è così. Malgrado gli OGM e le sostanze chimiche rappresentino una seccatura lampante, questioni più gravi affliggono la nostra salute, come state per leggere qui sotto.

Il Problema dei cibi di derivazione animale

E' scientificamente provato che i cibi di derivazione animale, anche prodotti in modo biologico o cacciati allo stato selvatico, sono la causa principale della maggior parte delle malattie e disturbi diffusi nel mondo occidentale.[5] Anche se magiate frutta e verdure cariche di sostanze chimiche e pesticidi, un enzima presente nel vostro corpo, chiamato ossidasi a funzione mista (OFM) ne annullerà la tossicità e creerà cellule sane[6.] Come risultato, anche la frutta e la verdura coltivate in maniera tradizionale sono più salutari di qualsiasi prodotto animale.

Questo non significa che dobbiamo ignorare i prodotti biologici solo perché il nostro organismo è in grado di neutralizzare pesticidi e sostanze chimiche. I prodotti coltivati con metodi tradizionali non solo possono essere geneticamente modificati, ma possono anche contenere meno principi nutritivi di quelli biologici. Inoltre, gli agricoltori sono esposti ai diserbanti spruzzati sulle colture. Acquistare prodotti organici assicura anche che i dipendenti non siano contaminati da pesticidi e che le sostanze chimiche non inquinino l'ambiente. Esistono centinaia se non migliaia di studi scientifici che provano che una dieta ricca di carne causa più malattie croniche di qualsiasi altra dieta o stile di vita. Una dieta di questo tipo aumenta il rischio di alcuni tipi di cancro, malattie cardiache, complicazioni renali, obesità, diabete, malattie autoimmunitarie e disturbi di origine alimentare.[7]

Le cause di quanto detto sono molte. Innanzitutto, la carne, quando viene cotta, produce composti chimici cancerogeni chiamati ammine eterocicliche (o HCA dall'inglese *HeteroCyclic Amine*). Questo è valido per tutte le carni rosse e bianche, pollo e pesce. Le verdure non sviluppano ammine eterocicliche durante la cottura.[8]

In secondo luogo, il colesterolo cattivo (chiamato LDL o lipoproteina a bassa densità), presente solo in alimenti di origine animale, contribuisce al sopraggiungere dell'arterosclerosi, che provoca la comparsa di malattie cardiache.[9]

Sebbene il colesterolo sia importante per garantire il pieno funzionamento del nostro sistema immunitario, il nostro organismo lo produce già a livelli di cui naturalmente abbiamo bisogno.[10]

I cibi di origine animale contribuiscono al degrado del nostro sistema immunitario ed ad un accelerato invecchiamento, problemi assai gravi per il nostro corpo.[11] Questa è la ragione per cui i vegani vivono in media quindici anni in più rispetto a chi mangia carne.[12]

> "Anche piccole quantità di prodotti animali nella Cina rurale ha aumentato il rischio di malattie di tipo occidentale."[13]
>
> **Dr. T. Colin Campbell, Autore di "The China Study"**

Proteine

Un altro problema causato dal consumo di carne è la smodata dose di proteine che esso aggiunge alla tipica dieta occidentale. E' stato dimostrato che la dieta occidentale media trae il sedici per cento delle sue calorie dalle proteine.[14] Questa quantità può pregiudicare i reni, rimuovere calcio, zinco, vitamine del gruppo B, ferro e magnesio dall'organismo e causare osteoporosi, malattie cardiache, cancro ed obesità.[15] Una delle ragioni sta nel fatto che, quando consumiamo proteine animali, troppo acide per il nostro corpo, l'acidità deve essere neutralizzata. Il fosfato di calcio viene asportato dalle ossa. Successivamente, il calcio viene eliminato con l'urinazione. Questo processo conduce a fragilità ossea ed osteoporosi.[16]

L'essere umano medio ha bisogno di molte meno proteine di quanto siamo spinti a pensare. Secondo il Dr. Douglas Graham, autore di "The 80/10/10 Diet (La dieta 80/10/10)", necessitiamo solo di un dieci per cento di calorie dalle proteine. Lo stesso vale per donne incite o in allattamento, bambini piccoli, ragazzi, persone anziane, atleti e bodybuilders. Frutta e verdura contengono un considerevole quantitativo di proteine.[17] Anche T. Colin Campbell, l'autore di The China Study, ha raccomandato il rapporto 80/10/10 come il più idoneo per una dieta equilibrata.[18]

L'Organizzazione Mondiale della Sanità (WHO) ha dichiarato che un essere umano medio debba trarre un minimo di 2.5 percento del totale delle calorie dalle proteine. Il dosaggio di sicurezza è stato fissato al cinque per cento.[19] Questo significa che, mangiando una grande varietà di cibo completamente vegetale, potremo attenerci o anche eccedere gli standard dell'Organizzazione Mondiale della Sanità (WHO).

"E' probabile che, seguendo una dieta a base di frutta e verdura, il vostro apporto totale di proteine sarà in media del 5% delle calorie o leggermente di più"[20]
Dr. Douglas Graham, Autore di "The 80/10/10 Diet (La dieta 80/10/10)"

E' risaputo che anche piccole quantità di proteine animali determinino la perdita di calcio dalle ossa. Questa è la ragione per cui le persone che consumano il più alto quantitativo di prodotti di origine animale (come gli Inuit) hanno il tasso di osteoporosi più elevato del pianeta.[21]

Secondo Tim Van Orden,
"Il nostro organismo non scompone le proteine che mangiamo in modo efficiente, ma le sintetizza a partire dagli aminoacidi. Gli aminoacidi sono i fondamenti della vita ed, a loro volta, aiutano a costruire i muscoli. Tutti gli aminoacidi derivano da frutta fresca e verdura."[22]

"Non c'è dubbio che il consumo di proteine e grassi animali sia legato alla formazione di cancro, malattie cardiache, diabete e ad una moltitudine di malattie autoimmuni fra cui: sclerosi multipla, morbo di Parkinson, artrite, demenza e morbo di Alzheimer. Infatti, la maggior parte, se non tutte le malattie che affliggono la società contemporeanea sono collegabili all'assunzione di proteine e grassi animali."[23]
Dr. T. Colin Campbell, Autore di "The China Study"

"Nel corso dell'ultimo secolo, il mangiare prodotti di origine animale ha ucciso più persone, di quanto abbiano fatto incidenti stradali, tutte le guerre e disastri naturali messi assieme."[24]

Dr. Neal Barnard, Autore e Presidente del Physicians Committee for Responsible Medicine (Comitato dei Medici per una Medicina Responsabile)

Grassi

I grassi, in grandi quantità, recano seri danni al nostro corpo, sia che provengano da una fonte animale che vegetale. Un eccesso di grassi nel nostro sangue comporta una maggiore probabilità di malattie di tipo occidentale. Ma qual è la quantità di grassi adeguata?

Secondo alcuni dottori, nutrizionisti ed esperti di salute, circa un dieci per cento o meno delle nostre calorie totali dovrebbe provenire dai grassi.[25] Anche mangiando nient'altro che frutta non trattata e verdura senza grassi aggiunti, non si oltrepasserebbe una media del tre o cinque per cento delle calorie totali derivanti da grassi. Aggiungendo un po' di noci e semi alla dieta, l'apporto di grassi aumenta, tuttavia, solo del dieci per cento o meno.[26]

Esistono grassi buoni e cattivi, naturalmente, ma introducendo frutta e verdura (al loro stato naturale, ossia, crude) come fonte primaria di calorie, non ci si dovrebbe preoccupare di quelli cattivi. I grassi cattivi sono quelli che provocano problemi di salute ed aumento di peso. I grassi salutari sono chiamati acidi grassi omega-3.

Omega-3

Il pesce è sinonimo di alto contenuto di omega-3 e viene fatto passare per alimento salutare.[27] Il pesce, tuttavia, è anche contaminato da diossina, policlorobifenili (PCB), metalli pesanti tossici derivanti da scorie industriali (come mercurio, piombo, cadmio ed arsenico) ed altri residui dell'industria mineraria e produzione industriale, così come da nocivi scarti farmaceutici e sostanze radioattive dovute a fuoriuscite da centrali nucleari.[28]

Quando il pesce è congelato, il suo contenuto in omega-3 comincia a precipitare. Questo determina il rilascio di radicali liberi, che conducono ad una grande varietà di malattie.[29, 30] Gli omega-3 possono essere ottenuti senza colesterolo, grassi e proteine animali nei semi di lino, semi di chia, noci, fagioli di soia, tofu, tempeh, ortaggi a foglia verde ed alghe.[31] Anche la frutta contiene piccole quantità di omega-3 ed il mangiarne una grande varietà fornirà al vostro organismo un quantitativo di omega-3 adeguato al suo funzionamento, oltre che darvi calorie sufficienti ad affrontare la settimana.

Latticini

La proteina principale nel latte è chiamata caseina. Howard F. Lyman, autore di "Mad Cowboy (Cowboy Pazzo)" cita: "E' stato evidenziato da test di laboratorio che la caseina promuove la proliferazione di cellule cancerogene quanto alimentare un incendio versandovi benzina".[32] Il latte contiene anche significative quantità di grassi saturi ed acidi grassi trans che arrecano un aumento dei livelli di colesterolo e del rischio di ostruzioni delle arterie e complicazioni cardiache.[33]

Un recente esame rileva che nel latte di mucca sono presenti le seguenti sostanze chimiche: prolattina, somatostatina, melatonina, ossitocina, ormoni della crescita, l'ormone di liberazione leuteinizing (LHRH), l'ormone di rilascio della tireotropina (TRH), l'ormone tireostimolante (TSH), il peptide intestinale vasoattivo (VIP), calcitonina, ormone paratiroideo (PTH), corticosteroidi, estrogeni, progesterone, insulina, fattore di crescita dell'epidermide (EGF), fattori di crescita insulino-simili (IGF), eritropoietina (EPO), bombesina, neurotensina (NT), motilina, colecistochinina (CCK).[34] Pochi sono al corrente che il latte è anche pieno di latte, puss e feci.[35,36]

Ci sono anche 50-60 mg di colesterolo in una porzione da 56.7 g di formaggio cheddar o mozzarella, tanto quanto (per grammo) in una bistecca o carne di manzo macinata.[37] Anche il latte vaccino scremato contiene consistenti quantità di grassi. Secondo i calcoli di cronometer.com, il latte scremato contiene approssimativamente il 20 per cento di calorie provenienti dai grassi, il latte parzialmente scremato il 35 per cento ed il latte intero il 47 per cento. Nel formaggio cheddar, le calorie derivanti dai grassi raggiungono il 75 per cento e nel burro praticamente il 100 per cento.[38]

Esiste una sostanza chimica naturale nei latticini chiamata casomorfina. Si ritiene che essa faccia duplicare le dimensioni del vitello entro un anno dalla nascita. Questa sostanza porta il vitello a tornare dalla madre per poppare ancora latte.[39] La casomorfina è una droga. Notate la radice *morfina*. Questa è la ragione per cui la maggior parte delle persone ha una dipendenza da latticini, specialmente dal formaggio. Esse vogliono formaggio su una patata al forno, formaggio su burgers e patatine fritte, formaggio su qualsiasi cosa si trovi davanti ai loro occhi! Non riesci ad avere neanche un'insalata senza che non ci mettano formaggio. E' ridicolo! Il Dr. Colin Campbell ha scoperto: "Per tutti gli esperimenti, abbiamo usato caseina, che costituisce l'87 per cento delle proteine del latte di mucca. In questo modo, veniva logicamente da domandarsi se le proteine vegetali avessero lo stesso effetto sulla promozione di cellule cancerogene della caseina. La risposta è stata un sorprendente no. In questi esperimenti, le proteine vegetali non hanno stimolato la proliferazione di cellule cancerogene, anche se assunte ai dosaggi più alti."[40]

Uova

Le uova sono una delle più alte fonti di colesterolo del pianeta. Un uovo di 50g (intero, crudo e fresco) contiene 187mg di colesterolo. Le uova contengono anche quantità apprezzabili di grassi e proteine animali.[41] Le uova sono spacciate come essenziali per le proteine da esse contenute, ma anche un uovo al giorno fa innalzare il rischio di malattie di tipo occidentale.[42]

Secondo dherbs.com, "Mangiare uova può scatenare una moltitudine di malattie e patologie. Le uova possono giocare un ruolo essenziale in alcuni malesseri dell'apparato riproduttivo femminile, inclusi tumori fibrosi, cisti uterine, tumore al seno ed irregolarità del ciclo mestruale. In aggiunta, dal momento che queste uova sono o vengono rese sterili, la loro fertilità viene compromessa. Mangiare uova può di sicuro cambiare o alterare la vostra composizione biochimica, genetica e molecolare e rendervi soggetti ad una moltitudine di malattie e patologie. Il processo di sterilizzazione delle uova destinate al commercio è impiegato per prevenire che le uova si deteriorino, ma comporta rischi per la salute delle donne che consumano uova sterilizzate. Tutto ciò che mangi, a prescindere che sia negativo o positivo, naturale o innaturale, condiziona il tuo intero essere. Così, le uova giocano un ruolo nell'infertilità ed impotenza.[43]

La dieta vegana per la nostra salute

Al contrario di una dieta a base di prodotti animali, una dieta vegana contiene in media più antiossidanti, sostanze fitochimiche e proprietà anti-età. Le piante sono le sole fonti di fibre; recano enormi benefici al sistema immunitario. I cibi di origine animale non contengono fibre.[44]

Una dieta vegana contiene anche grandi quantità di calcio, ferro, zinco, ed acidi grassi omega-3.[45-47] La gente crede che una salute cagionevole sia associata all'età avanzata o sia ereditata geneticamente, ma questo non è vero. E' stato evidenziato che gran parte delle malattie sono associate alla dieta. Seguire una dieta vegana (prevalentemente crudista) può rallentare, o anche invertire la maggior parte, se non tutti i disturbi che affliggono le società moderne di oggi.[48] Con una dieta appropriata ed attività fisica (ed astenendosi da fumo ed alcol), una persona di 80 anni può spesso adempiere a mansioni con la stessa efficienza di una di 30. Allo stesso modo, una dieta ricca in frutta fresca e verdura costituisce una scelta migliore di una dove prevalgano cibi cotti e raffinati.

"Fino ad allora, ero come la maggior parte degli atleti che credevano di avere bisogno di carne per sviluppare i muscoli, ma dopo il mio risveglio vegano, mi sono promesso di stravolgere quel mito. Così, ho cominciato ad approfondire il campo della nutrizione ed a lavorare sodo per realizzare il mio sogno. Ed eccomi qua oggi - il primo campione mondiale vegano di bodybuilding."[49]
Kenneth G. Williams, Bodybuilder Vegano e Portavoce

La guida dei cibi vegani

Ho deciso di includere una guida di cibi vegani in questo libro. I miei consigli possono essere leggermente diversi da altre fonti, ma questo è semplicemente quello che raccomando io e che ha funzionato per me nel corso degli anni. Ovviamente, questo può cambiare un po' nel corso del tempo.

Da fare:

− Seguite una dieta 100% vegana. Non includere alcun prodotto animale.

− Mangiate una grande varietà di frutta e verdura crude (compresi vegetali a foglia verde) durante la settimana.

− Bevete abbastanza acqua durante la giornata così che le vostre urine siano limpide.

− Consumate alimenti fortificati in vitamina B12 o prendete un'integratore.

– Dormite in media almeno nove ore al giorno; meglio andare a letto presto e svegliarsi presto. Anche se non riusciamo a dormire, il riposo orizzontale è importante.

– Almeno un'ora di esercizio fisico moderato al giorno.

Facoltativo:

– Includete una porzione di cibo vegano cotto nella vostra dieta.

– Minimizzate o escludete il consumo di cibi raffinati.

– Minimizzate o escludete tutti i prodotti a base di caffeina, compresi caffè, bevande energizzanti, coca-cola, tè, etc.

– Cercate di limitare o escludere l'assunzione di oli vegetali. Gli oli (anche d'oliva o di cocco, pressati a freddo ed biologici) costituiscono grassi raffinati al cento per cento, in cui la maggior parte dei principi nutritivi sono stati rimossi.

– Cercate di limitare o escludere l'assunzione di sale.

– Includete latti vegetali di soia, riso, canapa, avena, o mandorla nella vostra dieta. Cercate di acquistare marche organiche e fortificate.

– Alcune persone possono avere bisogno di integrare la loro dieta con vitamina D o consumare alimenti arricchiti in vitamina D. Tenete presente che la maggior parte della vitamina D3 (colocalciferolo) viene prodotta dalla lanolina, una sostanza gialla secreta dalle ghiandole sebacee della pecora. C'è una versione vegana di D3 derivante da licheni.

– I sostituti vegani della carne e dei burgers, i veggie dogs ed i formaggi vegetali sono ottimi cibi transizionali. Assicuratevi che questi siano vegani. Alcuni sostituti della carne o formaggi possono contenere ingredienti animali quali caseina o proteine ricavate da siero animale. Controllate gli ingredienti o contattate la casa produttrice per accertarvene.

Il diventare vegani dà ancora l'opportunità di cucinare

pietanze deliziose. E' possibile preparare dolci senza uova o latte di mucca, perché esistono eccellenti alternative a questi ultimi. I sostituti della carne sono stati suggeriti solo per la fase di transizione.

Questo capitolo è stato tradotto in parziale collaborazione con Giovanna Leonori Cecina

CAPITOLO IV
ALLEVAMENTI INTENSIVI

"Finché le persone spargeranno il sangue di creature innocenti, non vi potrà essere pace, libertà, armonia fra i popoli. La macellazione e la giustizia non possono coesistere."[1]
Isaac Bashevis cantante, scrittore e premio Nobel (1902–1991)

"Quando le persone si rendono conto dell'agghiacciante verità che si cela dietro gli allevamenti di bestiame e dell'innocenza di tutti quegli animali che sacrificano la loro vita, diventa facile vedere che nutrirsi della carne di animali morti non è solo superfluo, ma lascia anche in noi una scia tracciata da orme sporche di sangue."[2]
Supremo Maestro Ching Hai, poeta, pittore, musicista, scrittore ed imprenditore

Nei paesi occidentali, la maggior parte degli animali allevati per la produzione di carne vive in allevamenti intensivi. Questi ultimi sono luoghi estremamente sporchi, dove agli animali viene negato qualsiasi comportamento naturale. Le galline depongono le uova, i polli da ingrasso ci forniscono la loro carne. Similmente, le mucche provvedono a tutto, a partire dai latticini, agli hamburger, alla carne di vitello ed al cuoio. La stessa cosa vale per i maiali, che ci danno la loro carne.

Ogni anno, in tutto il mondo, circa settanta miliardi di animali terrestri sono macellati per essere consumati.[3] Quella cifra si aggira attorno a settecento milioni in Canada e dieci miliardi negli USA.[4, 5] Questo numero non include quelli che non riescono a raggiungere il momento della macellazione, o qualsiasi animale marino come pesci e gamberetti. La vita di questi animali viene stroncata ancor più precocemente quando i livelli di produzione diminuiscono e li si ritiene "non redditizi". E' un sistema di una crudeltà atroce. Biologico, pensate? E' praticamente lo stesso sistema (come verrà mostrato).[6]

Galline

Le galline, fra tutti gli animali di questo pianeta, sono quelle che ricevonono probabilmente il trattamento peggiore. Negli USA, più del novantacinque per cento di tutte le galline allevate per le uova sono ammassate in batterie.[7] Attualmente, circa il sessanta per cento di tutte le gallline mondiali viene allevato attraveso sistemi industrializzati, prevalentemente in batteria.[8] Questo significa che non meno di undici galline possono essere stipate in una gabbia. Questo effettivamente è molto comune. Ogni gallina ha più o meno lo spazio di un blocco per appunti in cui stare in piedi. Gli uccelli sono in piedi, letteralmente addossati gli uni con gli altri e non hanno mai la possibilità di sollevare nemmeno un'ala. E' una vera e propria agonia per loro, dal momento che qualsiasi gesto naturale, come stare appollaiati o crescere la propria famiglia, viene negato loro. Appena cominciano a deporre uova, queste cadono su un nastro trasportatore.

Gli uccelli, a causa del confinamento sfrenato e dello stress, si strofinano contro i fili delle gabbie e finiscono per perdere gran parte delle loro piume. Malgrado questa possa sembrare una cosa di poco conto, le piume servono a proteggere la loro pelle da malattie e temperature eccessive. Ci sono file di gabbie (chiamate "tier", o, livelli) e sotto di esse fosse per il letame (denominate anche fosse di scarto), che convogliano le feci, le urine ed il vomito. Questi cadono da una fila a quella inferiore, attraverso file di gabbie, fino a raggiungere altre galline.

In questo tipo di allevamenti intensivi, ogni uccello viene stipato il più fittamente possibile. La realtà è che essi vegono nutriti con antibiotici, le loro piume volano tutt'attorno e persiste il costante fetore dell'ammoniaca nell'aria. La maggior parte delle galline finisce coll'avere complicazioni respiratorie, danni agli occhi, ed alcune diventano anche cieche.

Quando si trovano così imprigionate, le galline si beccano le une con le altre a causa della mancanza di spazio e delle stressanti condizioni di vita. Per contrastare la cosa, l'industria taglia il becco alle pulcine; in altre parole, gli operai di questi allevamenti recidono metà del loro becco con una lama incandescente o la rimuovono con un arnese di ferro. Questo è dolorosissimo per gli uccelli. Il dolore assomiglia a strapparsi un'unghia. Il becco delle galline è il loro organo più sensibile e tagliarne via la punta è una pratica incredibilmente dolorosa che le porta a soffrire per tutta la vita fino a quando non vengono macellate o gettate via. In quasi tutti gli allevamenti intensivi, gli uccelli a cui è stato tolto il becco hanno difficoltà a raccogliere il cibo ed alcuni arrivano a patire la fame, perché impossibilitati a mangiare. Quando la produttività delle galline cala, esse vengono scaraventate fuori della loro gabbia—fra i cui fili spesso si impigliano—e vengono trasportatate per molte miglia, senza cibo o acqua al macello. Molte di esse muoiono durante il trasporto.

Dal momento che la varietà ovaiola non cresce abbastanza velocemente per l'industria avicola, tutti i pulcini maschi vengono uccisi all'istante. Questo viene attuato o schiacciandoli vivi in un miscelatore—per essere utilizzati come cibo per animali domestici, o per essere dati in pasto ad altri uccelli— o gettandoli in sacchetti a soffocare lentamente, od in bidoni dove vengono lasciati morire.

Siccome la fase della deposizione delle uova è imprevedibile e rara e non massimizza i profitti per il settore del pollame, negli USA, gli allevatori adottano una tecnica chiamata *muta forzata*, dove le galline vengono costrette a fare la fame per ventuno giorni così da essere indotte ad un altro ciclo di deposizione delle uova.[9]

I documentario **"Fowl Play"** fornisce maggiori informazioni a riguardo .[7]

Polli e tacchini

Polli e tacchini allevati per la carne vengono geneticamente alterati in modo da diventare così grandi che le loro zampe non riescono a sostenerne il peso. Per questo motivo, alcuni di essi sono destinati a soccombere a causa di attacchi cardiaci ed osteoporosi.[10] Polli e tacchini vengono fatti crescere in grandi capannoni, dove migliaia di essi vengono ammassati assieme.[11] I polli da ingrasso vengono spediti nei macelli all'età di appena trentacinque giorni, ancora pulcini. Di norma, in natura, possono vivere fino a quindici anni.[13]

A causa del sovraffollamento, ai tacchini vengono amputati i becchi poco dopo la nascita. Questo dolore atroce rende difficile mangiare. A volte, anche le punte delle zampe vengono mozzate, così che anche camminare e perfino stare in piedi diventa arduo.[14] Tutti i loro comportamenti naturali, quali appollaiarsi, fare il nido, fare bagni nella polvere, foraggiare, gironzolare ed anche battere le ali, vengono loro negati, alla stregua dell'industria delle uova. Non possono stare all'aria aperta e godere della luce naturale. I capannoni dove vengono tenuti sono così pieni di ammoniaca ed il terreno talmente ricoperto di feci ed urine, che gli uccelli sviluppano malattie respiratorie. [15]

Maiali

I maiali sono considerati i più intelligenti di tutti gli animali da allevamento e sono al quinto posto in tutto il regno animale.[16] Dopo pochi giorni o settimane, i maialini vengono castrati senza anestesia— presumibilmente per produrre una carne più grassa e per evitare l'odore di verro, che causa un odore ed un sapore sgradevoli durante la cottura o l'ingestione della loro carne.[17, 18] A causa del confinamento e delle stressanti condizioni di vita, ai maialini vengono troncati coda, orecchie e denti, tutti senza anestesia. Anche in tal caso, i maiali cercano di mordersi reciprocamente la coda, venendo sospinti a diventare cannibali.[19]

Allo stato selvatico, non vedreste mai maiali che si mangiano a vicenda, o, quasi mai, alcuna di queste malattie, ma negli allevamenti di tipo industriale, o anche biologico, è comune vedere questi suini con la vescica deformata o perforata, con corpi informi, e, spesso, piaghe che raggiungono le loro stesse dimesioni. Questi animali vengono raramente, se non mai, controllati o presi in cura da veterinari, perché questo farebbe schizzare i costi di produzione.[20]

Il Professor Stanley Curtis, della Pennsylvania State University, ha scoperto che i maiali giocano ed eccelgono nei video-games comandati dal joystick. Egli ha osservato che queste creature sono in grado di fare rappresentazioni astratte e sono capaci di memorizzare un'icona nella loro mente e ricordarla in un momento successivo. I maiali sono estremamente intelligenti e compassionevoli ed uno ha anche salvato un bambino che stava affogando. E' anche dimostrato che i polli ed altri animali da fattoria imitano quello che vedono alla televisione ed apprendono a distinguere forme diverse.[21] Gli animali da allevamento sono intelligenti e meritano il nostro rispetto.

Mucche

I latticini (quali latte, formaggio, burro e yogurt) derivano dalle secrezioni delle mucche. Le mucche da latte rimangono incatenate ai box e vivono su pavimenti di calcestruzzo per tutta la loro vita, incapaci di sdraiarsi o muoversi.[22] Per fare sì che producano un flusso costante di latte devono essere fecondate. Questo viene realizzato inseminandole artificialmente, inserendo un'asta di acciaio o una mano nella loro vagina.[23] Le mucche da latte vengono fecondate mentre sono ancora in lattazione.[24] Le mucche vengono alimentate con animali macinati, inclusa la loro stessa specie, così da diventare cannibali. Negli Stati Uniti ed Inghilterra, il bestiame è stato trovato positivo al morbo della mucca pazza a causa di questo nutrirsi dei propri simili.[25]

Le mucche da latte rimangono agganciate a macchinari per l'estrazione del latte molte volte al giorno, fino a quando la produzione di quest'ultimo diminuisce. Questo processo può portare ad un'infezione della mammella chiamata mastite, che si verifica spesso quando le mucche producono un eccesso di latte.[26] Non appena la produzione di una mucca da latte cala, essa viene spedita al macello e ridotta a carne bovina macinata.[29] Gli animali troppo malati per riuscire a stare in piedi, o *Downers*, vengono trascinati via da catene, o spinti con carrelli elevatori.[27, 28]

I manzi vengono marchiati con un ferro incandescente, cosa che causa dolorosissime ustioni di terzo grado. Spesso le loro corna vengono asportate, il che provoca elevato dolore ai nervi. I vitelli, futura carne, vengono strappati alle loro madri entro un giorno dalla loro nascita. Essi vengono immediatamente incatenati ai box, che ne limitano i movimenti, allo scopo di impedire lo sviluppo dei loro muscoli. La dieta a cui sono sottoposti si limita a soli liquidi poveri in ferro, per mantenerne la carne pallida e vengono negati loro lettiere, acqua e luce. Dopo Quattro mesi di questa vita penosa, anch'essi vengono macellati.[29-31]

Il mito degli allevamenti all'aperto
Allevamenti all'aperto, libertà di movimento ed assenza di gabbie

Alla stregua degli uccelli imprigionati in gabbie da batteria, o altri animali da allevamento intensivo, le strutture da allevamento all'aperto—che sostengono di consentire libertà di movimento---sono ancora capannoni angusti che forzano gli animali ad essere alloggiati con migliaia o decine di migliaia di altri animali, dove alcuni stanno letteralmente in piedi l'uno sopra l'altro. La recisione del becco, così come altri tipi di mutilazioni, e la disumana selezione dei pulcini maschi vengono ancora praticate come negli allevamenti intensivi.

Per ricevere la certificazione di "allevato all'aperto", le strutture devono dare libero accesso all'aria aperta agli animali. In realtà vengono specificate la qualità e la durata di quanto debbano stare fuori. L'accesso per cinque minuti ai terreni fangosi fra un capannone e l'altro non è sufficiente per essere classificato come "allevato all'aperto". Alla fine, tutti gli animali incontrano la morte nello stesso macello, come quelli allevati in modo intensivo.[32, 33]

Mucche felici – Latte umano

Questa è una menzogna per rendere i consumatori felici del loro acquisto, facendo loro credere che le mucche siano felici in ogni momento del loro percorso dall'allevamento alla forchetta. Questo è lungi dall'essere vero. Anche se alcune mucche possono venire allevate al pascolo, come la maggior parte delle mucche da carne in Australia, è tutto tranne che piacevole per loro.

Biologico

Secondo *humanemyth.org*, "gli standard biologici si riferiscono in gran parte al contenuto degli alimenti dati agli animali ed all'uso di medicine introdotte nei corpi degli animali, piuttosto che al trattamento riservato ad essi. In molti stabilimenti biologici, gli antibiotici vengono negati agli animali malati allo scopo di non alterare la vendibilità dei latticini, uova, o carne che verranno etichettati come "biologici". Questo crea una sofferenza lancinante, dal momento che gli animali vengono lasciati morire o ristabilirsi senza il beneficio delle medicine. Numerose indagini svolte su allevamenti biologici hanno rivelato che gli animali vivono in condizioni deplorevoli. Malgrado ciò, non violano ancora gli "standard biologici".[34]

Che dire delle piccole aie di tipo biologico?

Indipendentemente da come vengano trattati, gli animali vengono sempre considerati unità di produzione e quando li derubiamo del loro scopo, noi perdiamo il nostro. I corpi degli animali ed i loro prodotti non sono di nostro uso e consumo. Essi appartengono agli animali. Non abbiamo alcun diritto di privare polli, mucche, o qualsiasi altro animale, dei loro prodotti, destinati invece a loro o ai loro cuccioli.

Tutti gli allevamenti avicoli, anche le piccole aie di tipo

biologico, acquistano le galline da incubatoi dove i maschi vengono tipicamente tritati vivi, perché di nessun utilizzo per l'industria. Quando la produttività degli animali diminuisce, essi vengono, di solito, mandati al mattatoio. Ogni qualvolta possediamo animali a scopo di lucro, c'è violenza.

Trasporto e macellazione

Esistono pochissime norme che regolino il trasporto e la macellazione degli animali da allevamento. In Canada, è permesso trasportare gli animali da allevamento in condizioni climatiche estreme, senza cibo, soste per riposare, o acqua, fino a settantadue ore. Essi vengono in seguito macellati in modo tale da massimizzare i profitti degli allevatori.[35]

Molti animali vengono abbattuti ancora pienamente coscienti, massacrati in un modo che non può mai venire considerato umano o indolore. I nastri trasportatori sono velocissimi; alcuni animali, adirittura, sono ancora vivi quando vanno a finire nelle cisterne bollenti.[36] I lavoratori dei macelli picchiano, calciano, punzonano gli animali per spingerli a muoversi. Anche il proprietario di una fattoria a conduzione familiare è stato filmato di nascosto mentre calciava una mucca—così malata da non riuscire a stare in piedi—al solo scopo di farla muovere.[37]

Macellazione umana

Gli animali vengono solitamente appesi a testa in giù su una o due zampe, e vengono accoltellati o viene loro tagliata la gola. Questo non può venire mai reputato umano. Secondo l'Oxford Dictionary, la definizione di *Umano* è: "Avere o mostrare compassione o benevolenza.[38]

"Avere la gola tagliata contro la propria volontà può essere molte cose, ma è probabile che pochi, dopo avere subito quest'atto, lo chiamerebbero misericordioso o compassionevole. Per questo, la macellazione umana è un ossimoro."[39]

Humanemyth.org

Altri Animali

Anatre, oche, cavalli e bisonti sono alcuni fra gli altri animali allevati per la carne in Canada, USA ed altri paesi. Queste creature sono considerate prelibatezze in molte culture, ma molte persone restano sconvolte quando leggono bisonte o cavallo sul loro menu.

Le anatre vengono usate per la loro carne e fegato e vengono confinate in gabbie così piccole da non riuscire nemmeno a muoversi. Per fare il foie gras, vengono ficcati dentro la loro gola, molte volte al giorno, una lunga canna o un tubo, che pompano grandi quantità di cereali, così da produrre grandi quantità di fegato grasso e malato ritenuto una leccornia. Questo fegato degenerato cresce fino a quasi dieci volte le sue dimensioni in un'anatra normale.[40]

Antibiotici e Farmaci

Perché i medici non hanno trovato una cura per il comune raffreddore o influenza? Perché facciamo ricorso ad antibiotici e farmaci sempre più forti per curare le malattie? La ragione sta per caso nel fatto che iniettiamo qualsiasi genere di antibiotici ed ormoni della crescita negli animali e li alimentiamo con mangimi avvelenati con pesticidi, funghicidi, ed altre sostanze chimiche? Assolutamente!

Dovunque, nuovi e più insidiosi tipi di malattie si stanno verificando fra le mandrie; perciò, nuovi e più potenti antibiotici sono necessari per trattare gli animali. E' lo stesso con gli umani; rispetto al passato, occorrono antibiotici sempre più aggressivi per affrontare le malattie contemporanee.

In tutto il mondo, l'ottanta per cento degli antibiotici vengono somministrati al bestiame.[41] Esistono dai sette ai ventuno vaccini diversi iniettati negli animali e nel loro cibo.[42] E' tanto sorprendente che ci ammaliamo così tanto?

Un amico incredibilmente saggio una volta mi disse: "Non dobbiamo uccidere le creature viventi. Uccidere è di per sè grave.

Dobbiamo stare attenti e proteggere tutti gli innocenti e vulnerabili."

"Una volta che accettiamo la realtà che noi—ossia tutti gli animali, umani e non umani—siamo un tutt'uno, l'idea di macellare animali e mangiare carne diventa moralmente inaccettabile."[43]
Tracey Hamilton

"Un uomo può vivere ed essere in salute senza uccidere animali allo scopo di nutrirsene; quindi, se mangia carne, egli partecipa all'uccisione di un animale al solo fine di appagare il proprio appetito ed agire così è immorale."[44] **Leo Tolstoy, Autore Russo, dalla "Disobbedienza Civile"**

CAPITOLO V
GLI OCEANI, LA NOSTRA ANCORA DI SALVEZZA

"I frutti di mare sono semplicemente una forma socialmente accettabile di selvaggina. Condanniamo gli africani perchè cacciano scimmie, mammiferi e specie di uccelli provenienti dalla giungla. Tuttavia, i paesi sviluppati non si fanno problemi a fare razzia di magnifiche creature selvatiche come pesci spada, tonni, halibut, squali, e salmoni, che costituiranno il nostro pasto. La verità è che la mattanza su scala globale della fauna marina è semplicemente il più grosso massacro di animali selvatici del pianeta."[1]
Capitano Paul Watson, Fondatore della *Sea Shepherd Conservation Society*

La pesca: un disastro ambientale

Secondo Paul Watson, "Abbiamo rimosso circa il novanta percento dei pesci dagli oceani".[2] Ogni anno, approssimativamente da uno a tre trilioni di pesci selvatici ed altri animali marini vengono sterminati.[3] Entro il 2048, si stima che i pesci spariranno del tutto[4]

Enormi transatlantici e reti da posta setacciano indiscriminatamente i fondali oceanici, distruggendo qualsiasi cosa si frapponga nel loro cammino, inclusi tutti i pesci.[5] I pesci sono veri e propri "detergenti all'ossigeno attivo" per le nostre acque, assorbendo numerose sostanze contaminanti nocive ed agenti inquinanti dagli oceani. Senza di essi, la vita nei nostri oceani sarebbe molto diversa.

Il "By-catching", che si riferisce alla cattura di creature che non si aveva l'intenzione di pescare, è una colossale perdita di vite preziose.[6] Anche svariati animali, quali tartarughe marine, delfini, piccole balene, ed altri animali vengono catturati indiscriminatamente, quando tutto quello che il pescatore voleva non erano che due o tre specie al massimo. Molti di questi animali, solitamente rigettati in acqua, vengono lasciati morire di una lenta agonia. I restanti, impigliati nelle reti dei pescatori, muoiono anch'essi a poco a poco.[7] Questo è un totale spreco di vite e risorse alimentari. Infatti, ci sono decine di migliaia di navi che operano e devastano gli ecosistemi al contempo in tutto il mondo.

I pesci provano dolore?

I pesci sono vertebrati con un sistema nervoso centrale e recettori propriocettivi del dolore. E' provato che i pesci provano sicuramente dolore e cercano di evitarlo. Gli scienziati hanno scoperto che, quando sono feriti, i pesci e gli invertebrati marini producono sostanze biochimiche come encefaline ed endorfine che provocherebbero un dolore atroce negli esseri umani.[8, 9] L'estremo peso interno schiaccia la loro vescica natatoria, fa saltare fuori i loro occhi e spinge il loro stomaco attraverso la loro bocca. Molti di loro soffocano lentamente o vengono pressati fino a morire da altri pesci che vengono scaricati sopra di essi. Altri ancora vengono sventrati mentre sono ancora vivi.

Molte persone credono erroneamente che i pesci siano animali a sangue freddo privi di sentimenti. Quando i pescatori li rimuovono dall'acqua, essi si agitano convulsivamente e vengono scaraventati a terra o colpiti da una roccia. Questo provoca un lancinante dolore a questi animali. Non possiamo neanche immaginare il dolore e l'agonia a cui essi vengono incontro. Se potessimo udire le loro urla, ci penseremmo due volte prima di pescarli o mangiarli. Dal momento che i pesci non strillano e possono solo dimenarsi freneticamente per cercare di mitigare il loro strazio, ci rifiutiamo assolutamente di accettare che essi soffrano.

"La letteratura scientifica è piuttosto chiara. Anatomicamente, fisiologicamente e biologicamente, i recettori del dolore nei pesci sono virtualmente gli stessi che negli uccelli e nei mammiferi"[10]

Donald Broom, Professore di Benessere Animale alla Cambridge University, Regno Unito

"Non riesco a vedere proprio alcun motivo per mangiare pesce."[11]

Jeffrey Masson, PhD, Scrittore statunitense fra i più venduti

Uno dei miei brani preferiti è tratto dal libro: "The World Peace Diet: Eating for Spiritual Health and Social Harmony (La dieta per la pace nel mondo: mangiare per la propria salute spirituale e l'armonia sociale)", dell'autore Will Tuttle, PhD. Ritengo che le sue parole spieghino tutto con grande eloquenza.

"Piovigginava e misi il primo pesce da me pescato nella tasca del mio impermeabile, sicuro che sarebbe morto entro breve. Quando catturai il secondo pesce, lo disposi nell'altra tasca. Tornai nella capanna per cucinare la cena, alquanto orgoglioso di me stesso. La tifa e le carote stavano cuocendo e feci per pulire i pesci, ma, con mio sgomento, erano entrambi ancora vivi ed in preda a contrazioni convulse. Mi resi allora conto che li stavo uccidendo, ma non erano ancora morti, così i vecchi schemi mentali vennero abbattuti e ne acchiappai uno, sbattendolo contro il pavimento. Come se mi stessi risvegliando da un incubo, non riuscivo a credere cosa stessi facendo. Non pensavo ancora di poter smettere. Il pesce era ancora vivo! Altre due volte lo dovetti scaraventare contro il pavimento e, poi, anche l'altro pesce, prima di riuscire a pulirli e cuocerli per poi mangiarli per cena. Potevo sentire il loro terrore e dolore e la violenza che stavo commettendo contro queste malcapitate creature e giurai di non pescare mai più. L'autoanalisi procedette implacabile per mettere a nudo la mia reazione condizionata e la mia ipocrisia. Il vecchio programma mentale che imponeva che fossero "solo pesci" si sgretolò completamente e vidi con occhi nuovi cosa stesse accadendo davvero e come mi fossi intromesso nel loro mondo violentemente e disonestamente, con l'intento di fare loro del male. Eccomi là, in un pellegrinaggio spirituale, a cercare di comprendere l'essenza più vera dell'esistenza con tutto il mio cuore. Eppure, stavo agendo contrariamente a quest'ultima, ingannando i pesci con un'esca che nascondeva un uncino acuminato ed, in seguito, privandoli della vita."[12]

Il più grande massacro sulla Terra

La mattanza delle foche in Canada, come riportato dalla IFAW (International Fund for Animal Welfare), è stata la più devastate carneficina di mammiferi marini sulla faccia della terra, con un record di foche uccise ammontante a 365.971 nel 2004.[13] Tuttavia, in anni recenti, la cifra è calata drasticamente a causa della diminuita domanda di questi prodotti. Secondo harpseals.org, questo numero è diminuito significativamente a partire dal 2009. Le cifre arrivarono, ad un certo punto, a 37.609 foche uccise ogni anno.[14]

La maggior parte delle foche è costituita da cuccioli, uccisi all'età di tre mesi o anche più giovani.[15] In gran parte dei casi, gli operai adoperano clave per sopprimere gli animali.

Lungo le coste di Taiji, Giappone, più di 20.000 delfini, focene e piccole balene si arenano sulla spiaggia e vengono uccise ogni anno per farne cibo o per altri propositi.[16] Ingannevole come può apparire, la carne di delfino viene a volte venduta come carne di balena.[17] Questo dimostra quanta poca considerazione i governi canadese e giapponese abbiano per gli ecosistemi oceanici.

Lo stesso sta accadendo alla popolazione di squali in tutto il mondo, il cui numero è diminuito del novanta per cento su scala globale Le persone stanno uccidendo anche gli squali balena. Vagabondi del mare, questi dolci giganti si nutrono esclusivamente di zooplancton e mai è giunta testimoinaza che abbiano mai ucciso un essere umano. Queste maestose creature sono ora sul punto di estinguersi.[18]

Non dobbiamo regolamentare la pesca e la caccia alla balena, ma fermarle completamente. Non importa quanto la pesca possa essere regolata, perché essa costituisce uno dei fattori di distruzione peggiori per l'ambiente.

CAPITOLO VI
LE RELIGIONI NEL MONDO E LE TRADIZIONI SPIRITUALI

"Non avete bisogno di religione per avere principi morali. Se non siete capaci di distinguere quello che è giusto da quello che è sbagliato, mancate di empatia, non religione."[1]
Kane Bailey

Alcune delle più grandi religioni al mondo sono il Cristianesimo, l'Induismo e l'islamismo. Altre religioni o tradizioni spirituali includono il Giainismo, l'Ebraismo ed il Buddismo.[2] Il Giainismo in India si basa sul principio di *ahimsa* (non-violenza o non-nuocere). Malgrado l'Induismo ed il Buddismo abbiano una vasta popolazione di vegetariani, il Giainismo si fonda sui principi vegetariani di *ahimsa*. Il Vegetarianesimo (lacto-vegetarianesimo) è obbligatorio nel Giainismo. Ad ogni modo, alcuni Giainisti sono vegani.[3]

Più di 2000 anni fa, nell'antica Grecia, Pitagora (molto più probabilmente da quel che sappiamo dei suoi insegnamenti) predicò la compassione per tutte le forme di vita. Egli fu d'ispirazione per Platone, Plutarco e Plotino. Egli stesso ed i suoi seguaci erano molto probabilmente strettamente vegetariani (o vegani). Le persone che seguivano i suoi precetti di astenersi dal mangiare animali venivano chiamati Pitagorici.[4, 5]

"Astenetevi, mortali, dal corrompere i vostri corpi con carne di animali. Esiste il grano; ci sono le mele, che cadono direttamente dai rami degli alberi a causa

del loro peso; e ci sono l'uva, le noci e le verdure. Questi devono essere il nostro cibo."[6]
Pitagora

"Finché gli uomini massacreranno gli animali, essi continueranno ad uccidersi gli uni con gli altri. Infatti, colui che semina morte e dolore, non può raccogliere la gioia della vita."[7]
Pitagora

"Gli dei crearono alcuni tipi di esseri viventi per far sì che alimentassimo i nostri corpi…Essi sono gli alberi, le piante ed i semi."[8]
Platone

"Riuscite veramente a chiedervi quale ragione avesse Pitagora per astenersi dalla carne? Per quanto mi riguarda, mi chiederei piuttosto per quale caso e condizione dell'anima o della mente il primo uomo[…] osò insanguinarsi la bocca, avvicinare alle proprie labbra la carne di una creatura morta, ponendo di fronte a sè piatti, vivande e cibo costituiti da corpi stantii, le cui membra poco prima belavano, muggivano, si muovevano e vedevano. Come poterono i loro occhi sopportare la vista di quegli animali mentre veniva tagliata loro la gola, mentre venivano squoiati e fatti a pezzi? Come potè il loro naso sopportarne il fetore? Come potè il gusto non inorridire per il sudiciume delle piaghe altrui ed il sangue di purulente ferite mortali?… Gli obblighi della legge e dell'equità si limitano al solo genere umano, ma la gentilezza e la misericordia dovrebbero essere estesi alle creature di ogni specie, e questo scorrerà dal petto di un vero essere umano, lungo correnti che si diramano dalla fontana della vita. L'essere umano fa uso della carne non per bisogno o necessità, visto che egli può ricorrere ad un'inesauribile scelta di verdure e frutta; piuttosto fa questo per bramosia di ricchezza, perché nauseato da ciò che è necessario; egli persegue una dieta impura ed a lui non adatta, derivante dal massacro di creature viventi, dimostrandosi più crudele della maggioranza delle bestie selvatiche...fosse solo per apprendere la benevolenza verso il genere umano, dovremmo mostrarci misericordiosi nei confronti di altre creature...... Non mangiamo certo leoni e lupi per nostra difesa; al contrario, questi li lasciamo stare, mentre uccidiamo le bestie innocue e mansuete, prive di pungiglioni e di denti per moderci: creature che la Natura pare aver generato per la loro bellezza e leggiadria. Ma niente ci ha creato turbamento, né le tinte che rammentano un fiore della carne, né il potere convincente dell'armoniosa voce, né il candore delle loro abitudini o l'insolita intelligenza che può essere riscontrata in questi poveri sventurati. No, per un po' di carne, noi li priviamo del sole, della luce, della naturale durata della loro vita, di cui hanno diritto per il fatto di essere nati ed esistere...Perché respingete la terra, come se essa fosse incapace di fornirvi tutto il nutrimento di cui avete bisogno? Non vi reca vergogna barattare sangue e morte con i suoi frutti benefici? Osate definire selvaggi e feroci animali come leoni, tigri e serpenti[...] quando per loro uccidere rappresenta il solo mezzo di sostentamento, mentre non è necessario che voi vi sporchiate le mani di sangue!"[9]

Plutarco (c. 46/48 dC – 125/127 dC), storico ed erudito Greco

Nelle religioni Islamica, Cristiana ed Ebraica, possiamo vedere molti atti di gentilezza ed amore, che stanno alla base del veganesimo. Infatti, l'amare tutte le creature incondizionatamente è la filosofia di quello che oggi chiamiamo veganesimo o stile di vita vegano.

"Non devi uccidere."
(I Dieci Comandamenti, Esodo 20:13 e Deuteronomio 5:17)[10-12]

In nessun passo della Bibbia viene menzionato che "Non devi uccidere" debba essere applicato solo agli esseri umani. Non c'è nessun asterisco accanto a questo passaggio. Di conseguenza, esso dovrebbe essere interpretato come un monito a non uccidere alcuna creatura vivente, umana o non umana. Le persone ribattono asserendo che anche uccidere una pianta sia uccidere una vita; tuttavia, nella Bibbia non viene detto che togliere la vita ad una pianta costituisca uccidere.

Esso dice:

"Dio disse, chi vi disse che dovevate assassinare il manzo e la capra ed offrirmele per dimostrare la vostra devozione? Lavatevi dal sangue di questi innocenti, così che io possa udire le vostre preghiere, altrimenti volterò il capo altrove, perché le vostre mani sono piene di sangue. Pentitevi, così che io possa perdonarvi "**(Isaiah 1:11-16)**

"Non dovrete però mangiare la carne con il sangue: perché nel sangue c'è la vita" **(Genesi 9:4)**[13]

"La soluzione migliore è di non mangiar carne, né

bere vino, né fare qualsiasi altra cosa, che possa offendere un fratello e lo spinga a peccare, provocando in lui del risentimento, o influenzandolo a fare cose che, secondo lui, sono sbagliate." **(Romani 14:21)**[14]

E Dio disse: "Ecco io vi do ogni erba che fa seme sulla superficie di tutta la terra e ogni albero che abbia frutti portatori di seme; questo vi servirà di nutrimento. E ad ogni animale della terra, ad ogni uccello dei cieli e a tutto ciò che si muove sulla terra ed ha in sé un soffio di vita, io do ogni erba verde per nutrimento". **(Genesi 1:29-30)**[15]

Nella Bibbia viene detto, "E Dio disse: "Facciamo l'uomo a nostra immagine, a nostra somiglianza, e domini sui pesci del mare e sugli uccelli del cielo, sul bestiame, su tutte le bestie selvatiche e su tutti i rettili che strisciano sulla terra." **(Genesis 1:26)**[16]

Dominio sugli altri animali non significa che abbiamo il diritto di sfruttarli o ucciderli. Se esaminate attentamente la definizione di *dominio*, essa esprime chiaramente il concetto di "Regola, o autorità".[17] Avere il dominio su altri esseri non vuol dire che se ne debba abusare o togliere loro la vita. Al contrario, avere dominio su di essi implica che li si debba controllare con determinazione, al solo scopo di proteggerli ed occuparsi di loro alla stregua di un genitore.

Non deve sorprendere che molte delle guide spirituali della nostra storia siano state vegetariane o addirittura vegane ad un certo punto della loro esistenza. Personaggi quali Gesù, Albert Schweitzer, Plotino, George Bernard Shaw, il Mahatma Gandhi, Leonardo Da Vinci, Pitagora e César Chávez si astennero dal mangiare animali.

Alcune persone di grande spiritualità quali Madre Teresa,

sfortunatamente, non furono in grado di vedere il grande legame che intercorre fra esseri umani ed animali. Essi furono di sicuro degli eroi per le popolazioni umane, ed amarono e si occuparono di alcuni animali, ma, quanto agli animali da allevamento, dimostrarono una totale sordità e cecità nei confronti della loro sofferenza.

"In nessun passo della Bibbia viene proferito che si debba nutrirsi di animali. Solo perché la Bibbia non proibisce esplicitamente qualcosa, non significa che sia giusto farlo."[18]
Vegan Outreach

CAPITOLO VII
ALTRI MODI DI SFRUTTARE GLI ANIMALI

Gli animali vengono usati anche come compagnia, nelle industrie del vestiario e dell'intrattenimento, nello sport, e nella sperimentazione scientifica.

Animali da compagnia

Ad un certo punto della nostra vita, è probabile che molti di noi abbiano vissuto in compagnia di animali. La maggior parte di noi ha un gatto o un cane e sa che, quando per sbaglio pestiamo loro la coda, questi fanno un salto ed urlano per il dolore e quando i nostri adorati compagni muoiono, ci disperiamo e piangiamo per la loro perdita. Molti di noi credono che cani e gatti siano necessariamente carnivori e che abbiano bisogno di carne per sopravvivere. Anche i veterinari ne sono convinti. In natura, i gatti sarebbero naturalmente carnivori ed i cani onnivori.[1, 2] Tuttavia, cani e gatti non vivono più allo stato brado, perché addomesticati.

Se gli animali ricevono tutti i nutrienti necessari attraverso il cibo che viene dato loro, allora anche una dieta vegana dovrebbe essere più che adeguata alle loro esigenze. Per quanto ne so, cani e gatti possono seguire una dieta vegana con aggiunta di alcuni integratori quali L-carnitina, acido arachidonico e taurina. Ciononostante, prima di fare ciò, è consigliabile fare delle ricerche approfondite in merito.

Oggi è facile essere vegani per i tuoi compagni cani, gatti o furetti. Con alimenti vegani quali V-Dog, Ami ed Evolution, far passare il tuo amico ad una dieta vegana è salutare e sicuro.[3-5] Con tutte le sostanze nutritive indispensabili e gli integratori contenuti in questi prodotti, non ci sono scuse per non offrire ai tuoi animali un'alternativa più umana al cibo convenzionale sul mercato.

Molti miei amici alimentano i loro gatti con Ami Cat ed

Evolution da tempo e, secondo i veterinari, questi animali godono di ottima salute. Innumerevoli persone fanno seguire una dieta vegana ai loro amici a quattro zampe con risultati formidabili.

Praticamente tutto il cibo per animali convenzionale in commercio contiene ingredienti derivanti da animali malati e torturati in allevamenti non adatti al consumo umano. Dove vanno a finire i cani ed i gatti messi a "dormire" nei canili e laboratori di vivisezione? Alcuni vengono gettati nella spazzatura, ma molti di loro finiscono sotto forma di tradizionale cibo per animali, trasformando così i nostri compagni a quattro zampe in cannibali.[6] Non c'è da sorprendersi se i nostri animali muoiano delle nostre medesime malattie, quali cancro, complicazioni intestinali ed altri mali.

Vestiario

Pellicce

Gli animali da pelliccia vengono o catturati ed imprigionati o allevati in apposite strutture. Gli animali che vivono in questi allevamenti patiscono lo stesso crudele ed orribile trattamento subito dagli animali da carne. Negli allevamenti da pelliccia, gli animali trascorrono la loro intera esistenza rinchiusi in lerce gabbie affollate in fil di ferro.[7] Gli animali vengono poi uccisi con i metodi più scadenti e brutali disponibili, inclusi soffocamento, scariche elettriche a vagina ed ano, gassazione ed avvelenamento senza alcun anestetico. Alcuni vengono anche scaraventati contro il pavimento o le pareti, calpestati fino alla rottura dell'osso del collo.[8]

In Cina e Korea, milioni di cani e gatti vengono presi a randellate, impiccati, dissanguati; spesso queste povere creature vengono scuoiate vive.[9] Queste continuano a contorcersi anche dopo essere state scorticate. La cifra di cani e gatti assassinati per le loro pellicce ammonta a circa due milioni ogni anno. I loro mantelli vengono poi esportati in Nord America.[10,11]

Non sappiamo veramente cosa compriamo, dal momento che le norme che regolano l'etichettatura in Nord America sono molto indulgenti.

Sovente, il comitato per le pellicce etichetterà i prodotti in modo errato indicando la pelliccia come finta o contenente materiale sintetico. Secondo il film "Skin Trade" di Shannon Keith, da analisi attuate su pellicce e baveri di pelliccia finti è stato rilevato che questi contenevano pelli di animali quali coioti, visoni, conigli, ed anche pelo di cani e gatti.[12]

Molti credono che nessuno oggi compri pellicce, ma la realtà è che moltissime persone comperano giacche con baveri di pelliccia, cosa che può non notarsi a prima vista, perché la casa produttrice può tingere il bavero dello stesso colore della giacca. Milioni di individui, in tutto il mondo, continuano ad acquistare giacche, cappelli, guanti, sciarpe e stivali fatti totalmente di pelliccia.

Alcune persone credono che le case produttrici adoperino i ritagli di materiale avanzato da animali per fabbricare quelle giacche con baveri di pelliccia. In realtà, le cose non vanno così, come svelato dal film *Skin Trade*, dove è possibile vedere che l'intero animale viene utilizzato. Spesso occorrono molti animali per fare una sola pelliccia.[13]

Cuoio

La maggior parte del cuoio proviene da paesi in via di sviluppo quali l'India, dove agli animali viene regolarmente squarciata la gola e strappata via la pelle mentre sono ancora perfettamente coscienti. In India, è pratica comune tagliare la gola alle mucche con coltelli spuntati.[14]

Il processo di conciatura richiede l'utilizzo di enormi quantità di acqua, sostanze chimiche, metalli, tinture, solventi ed acidi. Quando indossiamo pellicce, cuoio o altre pelli animali, stiamo essenzialmente portando pelle morta e materiali corrosivi addosso al nostro corpo. Agli operai va anche peggio. Infatti, questi non indossano né scarpe, né calzini e camminano a piedi nudi su pavimenti cosparsi di sangue, violando le consuete norme sanitarie ed indossando raramente indumenti protettivi quali stivali, guanti ed occhiali antinfortunio. Il contatto con queste potenti sostanze chimiche causa la perdita di mani, braccia, piedi o gambe ad alcuni operai.[15]

Piuma d'oca

L'imbottitura in piuma d'oca è ricavata dallo strato lanuginoso di piume che si trova vicino alla pelle di questi uccelli. Ad oche, anatre e conigli, vengono strappate le piume o la pelliccia mentre sono ancora vivi ed urlano in preda al dolore e terrore. Questa procedura viene ripetutamente effettuata sugli stessi animali, ed, a volte, squarcia e lascia ferite gravissime che vengono trattate con qualche punto applicato nello stesso ambiente infetto nel quale questi animali vengono scuoiati. Tutto questo viene praticato senza alcun uso di anestetici.[16] L'imbottitura in piuma d'oca è poi impiegata per fabbricare piumoni, cuscini, giacche a vento, giubbotti, ed altri indumenti.

Lana

Gran parte della lana che usiamo proviene dall'Australia. Le pecore allevate per la lana possiedono una pelle rugosa che produce più lana, ma, al contempo, attrae più mosche e vermi. Proprio per questo motivo, le pecore vengono sottoposte al cosidetto "mulesing", una pratica dove grandi pezzi di pelle e carne vengono strappati dalle zone anale e perianale senza l'uso di alcun anestetico. Questa procedura attira vermi e mosche e causa infezioni mortali. Dal momento che la richiesta di lana è notevole, le pecore vengono tosate assai rapidamente, provocando ferite spesso mortali.[18]

Seta

La seta deriva dal baco da seta, una larva della falena. Esistono vari metodi di produzione della seta a livello industriale. Circa 3000 bachi da seta vengono bolliti o cotti al vapore vivi, solo per produrre una libbra (quasi 500g) di filo di seta.[19] Alla stregua degli allevamenti intensivi su scala industriale, milioni di bachi da seta vengono uccisi in modi spietati ed abietti. Non c'è assolutamente bisogno di seta, così come non ve n'è di pellicce, cuoio, piume d'oca o lana.

Al giorno d'oggi, c'è una vasta scelta di indumenti sintetici nei negozi, inclusi pellicce finte, finta pelle, nylon, poliestere, rayon, lyocell e vari tessuti simili alla seta, quali i filamenti di asclepia (milkweed), bombax (silk-cotton tree) e ceiba. Molti di questi materiali, come, ad esempio, le pellicce finte, conservano lo stesso valore-R dei prodotti animali.[20] Il Valore-R è una misura della capacità di isolamento.

"E' giunta l'ora per esseri umani ed insetti di rivolgersi gli uni agli altri...Questa è la strada verso la saggezza, la sorgente della nostra guarigione, la nostra guida al ventunesimo secolo"[21]
Thomas Berry

Intrattenimento e Sport

Nei settori dell'intrattenimento e dello sport, gli animali vengono usati nella corrida, nelle corse di cavalli, rodei, circhi, e zoo. Gli animali vengono di solito privati di acqua e cibo prima di questi eventi.[22] Alcuni animali, quali i tori, vengono tenuti al buio completo per giorni, prima di venire liberati per combattere.[23] I combattimenti fra cani o galli sono manifestazioni spietate ed inutili. Queste vengono considerate un divertimento da molti, ma la sofferenza che ne consegue è implacabile. E' proprio necessario trarre profitto dallo strazio di un animale?

Altri esecrabili modi in cui gli animali vengono sfruttati sono le carrozze trainate da cavalli, acquari e parchi marini, corse di levrieri, e vari zoo di strada ambulanti. Queste forme di intrattenimento sono infondate e causano enorme dolore ed afflizione agli animali, che vivono la loro orribile vita fino a morire o venire uccisi.

Test su animali (Vivisezione)

Ogni anno, milioni di ratti, topi, conigli, cani, gatti, primati, ed altre creature senzienti, soffrono e muoiono in modi disumani a causa di ricerche scietifiche e militari senza scopo. Questa non è altro che la vivisezione, dove gli animali vengono impiegati in esperimenti o per testare prodotti.[24] Essi sopportano gli stessi crudeli esperimenti più e più volte di seguito. In milioni vengono rinchiusi in gabbie desolate, costretti ad ingerire dentifrici, saponi per le mani, detersivi e sostanze chimiche altamente tossiche. Queste ultime vengono pompate nei loro stomaci, strofinate contro la loro pelle, immesse nei loro occhi sotto forma di gocce, ed introdotte forzatamente nei loro polmoni. Elettroshock, operazioni senza anestesia ed ustioni sono solo alcuni degli eventi traumatici a cui questi animali sono sottoposti.[25-27]

Dopo aver patito questo calvario, quando non sono più di alcuna utilità, essi vengono uccisi e gettati nei rifiuti. Gli scienziati affermano che questo sia necessario per provare l'affidabilità di un farmaco prima che esso venga usato sugli uamani, quando il novantadue percento dei farmaci efficaci e sicuri sugli animali non hanno avuto lo stesso effetto sugli umani ed hanno causato nocivi effetti collaterali ed anche decesso.

Chi finanzia questi esperimenti? Siamo noi, i contribuenti. Invece di favorire questa barbarie, dovremmo concentrarci su programmi di prevenzione delle malattie, che promuovano uno stile di vita sano. Studi sui geni umani, colture sulle cellule umane, modellizzazioni a computer, pelle artificiale e studi su provette sono cosa normale nei laboratori moderni, oggi giorno.[28] Disgraziatamente, alcune delle più grandi compagnie al mondo, quali la Procter & Gamble (P&G), Unilever, Church & Dwight, Avon e Nestlé testano ancora su animali, malgrado sia stato scientificamente dimostrato che sia altamente inutile.[29, 30]

"Non sono interessato a sapere se la specie umana possa trarre o meno beneficio dalla vivisezione...Il dolore inflitto a creature non consenzienti è la base

della mia avversione a questa pratica, e per me è una giustificazione sufficiente della mia ripugnanza, senza bisogno di analizzare ulteriormente l'argomento."[31]
Mark Twain

Al giorno d'oggi, esistono innumerevoli alternative alla sperimentazione animale, le quali, secondo il Vegetarian Times magazine, "sono non solo più etiche, ma anche più valide per la salute umana". Queste alternative annoverano la formulazione selettiva, colture di cellule umane (Epiderm and EpiSkin), colture di cellule staminali della pelle, test cellulari, test su batteri ed il "microdosing".[32]

Non solo questi metodi sono molto più efficaci e fondati per la salute umana, ma sottraggono alla morte molte più vite: le vite di animali non umani, che vengono quotidianamente maltrattati, fatti morire di fame ed infine uccisi e gettati nei rifiuti e molte più vite umane, perché prodotti testati in modo più efficace ci recano decisamente maggior beneficio.

CAPITOLO VIII
DIRITTI UMANI

"Coloro che consumano animali, non solo recano danno a questi animali e mettono in pericolo la loro stessa vita, ma minacciano anche il benessere di altri umani che risiedono in questo pianeta ora o in futuro. ... E' giunta l'ora per gli esseri umani di togliere la testa dalla sabbia e riconoscere quanto sia rischioso per la propria incolumità maltrattare altre specie."[1]
Michael Greger, Dottore in Medicina, Medico Curante, Autore ed Oratore

Allevare gli animali per cibo conduce ad ogni sorta di problemi riguardanti i diritti umani, quali guerre, povertà, fame, questioni sociali e familiari. Tutto male scatenatosi dall'altrui opressione. Quando prevarichiamo altri esseri senzienti, rendiamo schiavi anche altri esseri umani, inclusi noi stessi. Non può che accadere questo. Quando "calpestiamo" gli altri, alla fine riceviamo in cambio lo stesso trattamento.[2]

Guerre

Un'imponente quantità di energia viene adoperata per produrre cibo di origine animale. Oggi più che mai, i paesi combattono per accaparrarsi il petrolio. Il petrolio è denaro ed i governi e le multinazionali se ne contendono i giacimenti, la ricchezza ed il potere da esso derivanti. Perchè abbiamo bisogno di petrolio? La parte più cospiqua del petrolio è impiegata negli allevamenti intensivi.[3]

Come possiamo noi esseri umani essere compassionevoli gli uni con gli altri ed amarci reciprocamente, quando finanziamo l'abuso di animali terrorizzati nei macelli e negli allevamenti intensivi? Come possono non verificarsi conflitti fra gli esseri umani, quando siamo i primi a maltrattare e macellare animali? Non può che essere così. Quando non fanno che scatenarsi guerre in quei nauseabondi capannoni di morte chiamati allevamenti intensivi, la medesima realtà non potrà che rispecchiarsi in noi, con guerre infurianti fra gli esseri umani.

"Di fatto, la nostra parola "capitale" deriva dal latino *capita*, "teste," nel senso di a capo di mandrie di mucche e greggi di pecore. I primi capitalisti furono i mandriani e caprai che combattevano gli uni contro gli altri per la terra ed il bestiame e fondarono i primi regni, schiavizzando i propri simili, scatenando i soliti conflitti, e facendo sì che il potere fosse concentrato nelle mani di un'opulenta élite di proprietari terrieri."[4]
Will Tuttle, PhD, Autore di *The World Peace Diet*

"Lottare contro altri per ottenere le loro mandrie e i loro greggi rappresentava la primaria strategia di acquisizione di capitale; *Gavyaa*, parola sanscrita per guerra, significa letteralmente "desiderio per più bestiame." Sembra che guerre, l'assoggettazione di animali sotto forma di bestiame, l'oppressione delle donne, il capitalismo ed il desiderio di maggiore capitale ed armenti siano stati strettamente legati a partire dai tempi antichi di mercificazione di grandi animali."[5]
Will Tuttle, PhD, Autore di *The World Peace Diet*

Povertà e Fame nel Mondo
Dal momento che, nei paesi occidentali, i cereali vengono destinati nella stragrande maggioranza al bestiame e venduti ad un

prezzo più alto, le popolazioni del terzo mondo non possono permettersi di comprare il cibo necessario a sfamare i propri affamati figli. Non c'è abbastanza cibo per placare la propria fame e quella dei loro bambini, che finiscono per morire fra le loro braccia. Questa è la ragione per cui povertà e fame proliferano nel mondo.[6]

Secondo l'Organizzazione Mondiale della Sanità (World Health Organization, o WHO), circa 3.7 miliardi di individui soffrono di malnutrizione[7] Questo non è dovuto al fatto che non abbiamo abbastanza cibo per nutrire queste persone, ma al fatto che gran parte dei cereali vengono adibiti a mangime per il bestiame, invece che come cibo per gli affamati. Secondo David Pimentel, quasi il quaranta per cento dei cereali coltivati al mondo vengono destinati agli animali da allevamento intensivo.[8] Mentre noi occidentali ci abbuffiamo di prodotti animali, circa 40.000 bambini muoiono di fame ogni singolo giorno.[9]

Non è difficile da capire: più prodotti animali consumiamo, meno stomaci possiamo riempire. Seguendo una dieta a base di carne, riusciamo a dare da mangiare all'incirca a due miliardi di persone, mentre con una dieta di origine vegetale possiamo saziarne fino a quindici miliardi.[10-11] Sono convinto che se coltivassimo piante selvatiche e facessimo crescere più alberi da frutta, potremmo sostentare molte più persone.

Famiglie spezzate

Oggigiorno, negli allevamenti e nelle fattorie, specialmente per quanto riguarda la produzione di latticini, uova e carne di vitello, la stragrande maggioranza dei cuccioli viene strappata alla propria madre entro pochi giorni dalla nascita e viene o brutalmente uccisa in uno dei tanti barbari modi già descritti [vedi Capitolo IV], o inserita nel circuito produttivo. Sottrarre piccoli non umani innocenti alle proprie madri, instilla lo stesso meccanismo fra gli esseri umani, dove intere famiglie vengono separate e bambini vengono rubati e resi schiavi. Ancora una volta, quello che commettiamo nei confronti degli animali, si ritorce come un boomerang contro noi stessi in infiniti modi.

Problemi psicologici

I problemi psicologici negli esseri umani derivano da quello che facciamo agli animali. Gli animali negli zoo e negli allevamenti vivono in gabbie o casse minuscole dove camminano avanti ed indietro mentre assistono alla mutilazione dei loro compagni di gabbia ed ad altre brutalità che causano loro gravi problemi psicologici. Impazziscono a causa della reclusione e della sofferenza. In un contesto umano, possiamo notare comportamenti simili nelle prigioni.

L'anoressia adolescenziale è in fase di aumento. Ragazze adolescenti si costringono a fare la fame, così come è pratica comune far morire di fame le galline per far loro deporre più uova (muta forzata).[12] Ogni disturbo e trauma psicologico riscontrabile negli esseri umani può essere fatto risalire alla prigionia, sfruttamento ed uccisione degli animali.

Lavoratori sfruttati

Gli operai nei macelli ed allevamenti intensivi soffrono molto. Negli Stati Uniti, la maggior parte è costretta ad accettare di allevare ed uccidere animali perché questo è l'unico modo per guadagnarsi da vivere. Gran parte dei lavoratori sono immigrati clandestini minacciati di venire licenziati e rispediti nei loro paesi d'origine, se solo denuncino qualsiasi attività illegale alle autorità.[13] Questo è il modo in cui quest'industria protegge se stessa. Ogni giorno, queste persone uccidono centinaia o anche migliaia d'animali a velocità di linea talmente elevate da procurarsi gravi lesioni ed addirittura morire al tasso più elevato mai riscontrato. Al giorno d'oggi, il lavoro nei macelli è di gran lunga la professione più pericolosa negli Stati Uniti.[14-16]

Il tasso di ricambio di dipendenti in quei luoghi sono del cento per cento solo dopo un anno di impiego.[17] Nessuno vuole fare quel lavoro. Molti lo fanno solo temporaneamente per dare di che mangiare alle loro famiglie. Gli esseri umani non sono fatti per sventrare creature senzienti.

La gente mi chiede: "Ma agli esseri umani non pensi?". Io, in tutta risposta, chiedo loro: "Cosa fate *voi* per gli esseri umani? Coloro che lavorano nei macelli rappresentano probabilmente una delle categorie più abusate di tutto il settore industriale, fisicamente e psicologicamente, specialmente negli Stati Uniti. Se considerassimo che tutto, in questo pianeta, è interconnesso o, in qualche modo correlato, riusciremmo a vedere che la maggior parte dei problemi che attualmente lo affliggono dipende da come trattiamo gli animali non umani. Non c'è da sorprendersi che abbiamo i problemi che abbiamo oggi, perché tutto ruota attorno allo sfruttamento ed all'uccisione degli animali non umani. Non scordiamoci che noi esseri umani siamo animali della classe dei mammiferi (Mammalia). Secondo l'Oxford Dictionary, un animale è "Un organismo vivente che si ciba di materia organica, tipicamente avente un organo sensoriale specializzato ed un sistema nervoso e capace di rispondere rapidamente agli stimoli."[18]

"Finché l'uomo non estenderà il circolo della compassione a tutte le creature senzienti, egli non riuscirà a trovare la pace."[24]
Albert Schweitzer, Teologo, Organista, Filosofo e Medico Curante

CAPITOLO IX
CELEBRITA' CON UNO STILE DI VITA COMPASSIONEVOLE

Coloro che non riescono a vedere la relazione fra animali ed esseri umani

Come chiunque altro, vi sono alcune celebrità che sono in grado di vedere il collegamento con gli altri esseri senzienti ed altre che non ci riescono.

Purtroppo, esistono personaggi famosi incapaci di percepire lo stretto legame fra le loro scelte alimentari e le creature che patiscono le pene dell'inferno a causa di esse. Alcuni di questi individui possono essere stati vegani ad un certo punto della loro vita, ma poi sono regrediti tornado a mangiare prodotti animali. Molti di essi sono probabilmente influenzati dalla propaganda fatta dall'industria della carne o non erano pienamente consapevoli delle reali implicazioni etiche fin dall'inizio. Questi sono coloro che intravedono, almeno un po', la realtà disperata della sofferenza degli animali e la miriade di problemi scatenati dal cibarsi di essi. E' il seme del veganesimo che germoglia nelle loro coscienze.

Altri ancora, come Madonna, sono vegani contestabili e non sono presumibilmente del tutto consapevoli della relazione fra il cibarsi di animali e le ripercussioni negative che ciò scateni.[1] Alcuni di essi possono considerare se stessi vegani ad un certo stadio della loro esistenza, ma praticano la caccia, indossano pellicce, o fanno commenti spregiativi nei confronti dello stile di vita vegano. Ritengo che non si rendano affatto conto di quale strazio debbano sopportare gli animali.

La filosofia vegana si basa sul minimizzare la sofferenza il più possibile. Mi chiedo come mai delle persone un giorno possano essere vegane e tornare a consumare prodotti animali il giorno dopo. Sono semplicemente confuse? Come possono certe celebrità come

Ellen DeGeneres, ad esempio, promuovere il consumo di uova o, come Alicia Silverstone considerarsi vegane quando consumano occasionalmente latticini?[2, 3]

Io dico sempre a tutti che i personaggi pubblici sono solo persone come noi e non migliori di noi. Siamo tutti uguali. Alcuni di loro tornano a mangiare prodotti animali e questo va tenuto in conto. Non sono cattive persone, semplicemente non erano pienamente consapevoli, fin dall'inizio, di quanto dolore questo implichi.

Quelli che vedono il legame

Fortunatamente, esistono celebrità che riescono a vedere il legame. Vi sono centinaia, se non migliaia di personaggi popolari vegani in giro per il mondo. Alcuni di essi sono: Moby (cantautore, musicista, DJ e fotografo), Pamela Anderson (attrice ed attivista dei diritti degli animali), Joaquin Phoenix (attore), Woody Harrelson (attore, attivista), Toby Maguire (attore), Martina Navratilova (tennista), Alanis Morissette (musicista), Bryan Adams (musicista), Morrissey (musicista), Shania Twain (musicista), Brendan Brazier (atleta di resistenza, autore ed imprenditore), Sandra Oh (attrice), Daryl Hannah (attrice), Russel Simmons (imprenditore), Prince (musicista ed attore), Carl Lewis (atleta), Erykah Badu (musicista), Fiona Apple (musicista), K.D. Lang (musicista), Nelly (rapper), Sinead O'Connor (musicista), Avril Lavigne (musicista), Bif Naked (musicista), and Dennis Kucinich (politico statunitense).[4]

Se i VIP riescono a farlo, possiamo farlo anche noi. E' semplicemente fantastico essere vegani. I personaggi pubblici che adottano uno stile di vita compassionevole lo fanno per salute, per l'ambiente, od entrambi ed alcuni di essi stanno acquisendo sempre più consapevolezza del fatto che le ragioni etiche includono appieno gli animali non umani. Qualsiasi siano le motivazioni di questa scelta, sempre più numerosi sono quelli che fra loro stanno passando ad uno stile di vita vegano. Molte donne e uomini di tutti i giorni guardano alle celebrità con ammirazione e quante più di queste diventeranno vegane, tanti più di noi ne seguiranno l'esempio.

CAPITOLO X
COLORO CHE NON SONO VEGANI

Vi sono persone che sostengono di essere vegane, ma non lo sono affatto. Anche se il veganesimo è lungi dall'essere una questione di purezza, in qualità di vegani dobbiamo impegnarci a causare meno danno possibile quantunque ed ovunque possibile. Dico sempre alle persone di fare del loro meglio. Se tutto quello che possono fare è comprare prodotti agricoli convenzionali o cibo vegano confezionato, ben venga.

Conosco della gente che rivendica di essere vegana, ma mangia cibi non vegani ed usa prodotti non vegani, contenenti ingredienti animali o testati su animali. Nei loro frigoriferi, puoi vedere prodotti come maionese e surgelati non vegani, e sulle loro mensole shampoo, prodotti per capelli, creme per il viso testate su animali. Ovviamente, prima di qualsiasi spesa, una persona che afferma di essere vegana dovrebbe controllare la lista degli ingredienti per controllare che il prodotto sia compassionevole.

Naturalmente, in qualità di vegani in un mondo non vegano, per sbaglio, possiamo comprare merce non vegana. Tuttavia, se siamo disattenti e perseveriamo nello stesso errore, allora se ne deve tenere conto. Alcuni vegani possono adoperare generi non vegani perché comperati per errore, o perché acquistati da qualcun'altro. Può darsi che non vi fosse nessuna alternative vegana in quel luogo ed in quel momento. Spesso, con un maggiore scrupolo, si può trovare l'articolo vegano.

Alcuni vegani danno da mangiare cibo non vegano ai propri compagni animali. Questi vegani non sono del tutto consapevoli delle conseguenze da ciò derivanti. [Vedi Capitolo VII sugli animali da compagnia] Se sei un vegano che nutre i propri animali in modo convenzionale, devi chiaramente fare qualche ricerca per capire come mai questo sia sbagliato. Non alimenterei mai nessuno dei miei animali domestici (se ne possedessi) con cibo del genere, così come non ne darei mai ai miei figli (se ne avessi). Se asseriamo di essere dei vegani etici che non ingurgiterebbero mai questo tipo di prodotti, come possiamo darli ai nostri amici animali? Non è ipocrita da parte nostra?

Anche se sento di essere una sorta di "gendarme vegano" quando mi trovo assieme ad altri vegani, a volte mi chiedo se alcune di queste persone lo siano realmente. Certe volte, sembra che io sia troppo estremo anche per alcuni di loro. Vi sono volte in cui, ad alcuni eventi a tema, sono presenti pietanze con ingredienti animali. Sebbene questi prodotti possano essere stati comprati per sbaglio, o magari chi li ha acquistati possa non aver letto accuratamente la lista dei componenti, penso che questi articoli debbano venire subito rimossi. Nonostante ciò, ho constatato l'opposto con alcuni vegani ed eventi vegani; la maggior parte di loro continuerà a mangiare od usare questi prodotti, pur sapendo che non sono cento per cento vegetali.

Quando diventai vegano nel 2009, possedevo ancora vestiti non vegani. Malgrado non abbia comprato più nessun altro indumento di origine animale, quali cuoio, piume d'oca o seta, indosso ancora i miei vecchi vestiti. Per quanto concerne i capi in pelliccia, non potevo sopportare l'idea di averne uno addosso, per cui me ne sbarazzai. Riguardo al cuoio, volevo consumare le mie scarpe di pelle, siccome non avevo i soldi per comprarne delle nuove. Le scarpe vegane di qualità (specialmente gli stivali vegani) sono solitamente costose. Andai a dimostrazioni e proteste indossando le mie scarpe di cuoio ed ogni volta mi sentii un ipocrita. Alla fine, donai tutte le mie scarpe di pelle, i miei pantaloni in lana e cravatte di seta.

I vegani che ancora possiedono vestiti di origine animale, lo fanno perché non possono permettersene di nuovi. Coloro che hanno maggiori disponibilità economiche, invece, dovrebbero comprare abiti vegani di seconda mano, meglio ancora se equo-solidali. Qualche volta, anche amici, familiari o vicini di casa possono avere vestiti che non portano più. Chiedete in giro. Certe volte, anche siti web come Kijiji o Craigslist possono offrire dei buoni prezzi sull'abbigliamento vegano di qualità.[1, 2]

Vegani e cibo spazzatura

Esistono molti vegani che mangiano "cibo spazzatura". Anche vegani di lunga data consumano ancora burger, hot dog ed altri sostituti della carne, formaggi vegani, dolci e biscotti vegani ed altri tipi di snack industriali. Questi alimenti contengono molti grassi, sale, e zucchero raffinato. I succedanei della carne vanno bene durante il periodo di transizione al veganesimo, ma non sono salutari sul lungo periodo.

Se vogliamo crescere spiritualmente, dobbiamo evolverci fino a nutrirci solo di cibo totalmente naturale. Non c'è nulla di male nel mangiare riso cotto o al vapore, verdure e tofu; gli asiatici lo hanno fatto per migliaia di anni.[3]

Le frequenze vibrazionali sono energia ed ogni essere vivente è fatto di energia, così come lo è il cibo.[4,5] Questo spiega il fatto per cui, quando consumiamo frutta e verdure crude, abbiamo più energia. Le pietanze cotte, specialmente se di origine animale, ci gonfiano ed appesantiscono, cosa che ci porta a distenderci e dormire dopo un pasto.

Alimenti differenti vibrano a frequenze diverse e quelli industriali, come i surrogati della carne vibrano a basse frequenze. Ovviamente, i cibi di derivazione animale, specialmente quelli che provengono da allevamenti intensivi, vibrano alle frequenze più basse in assoluto. Il nostro desiderio è quello di mangiare cibi con alte frequenze vibrazionali, quali frutta e verdure crude, preferibilmente di coltivazione locale e mangiate fresche, direttamente dal terreno.

Dico questo perché chiunque voglia più energia e maggiore consapevolezza deve includere alimenti più alcalini nella propria dieta, specialmente frutta e verdura. Questo è difficile da mettere in pratica, quando siamo costantemente bombardati da pubblicità di cibo spazzatura ovunque, in particolare derivati animali. Se ambiamo ad elevare il nostro livello spirituale, diventare degli esseri illuminati, placare la nostra mente, dobbiamo intensificare il nostro legame con la natura, ed evitare le distrazioni a cui la città ci espone quotidianamente. In qualità di attivista, cerco spesso il contatto con la natura per crescere spiritualmente. Quando sgombriamo la mente, riusciamo a pensare meglio.

Più vegani abbandoneranno il cibo spazzatura per uno stile di vita più armonioso, più sarà facile trovare la vera pace interiore. Più sveliamo la parte più elevata di noi stessi, più riusciamo a vedere la vera bellezza del mondo. E quando finalmente siamo in grado di vedere la vera bellezza di questo pianeta, proviamo una gioia duratura, amore e felicità. La felicità non consiste nell'accumulare beni materiali, ma nel trovare serenità interiore ed amore e nel trasmettere questo messaggio ad altri. Una volta che i vegani da cibo spazzatura ed altri avranno trovato l'equilibrio con se stessi, cominceremo a notare che nel mondo attorno a noi vi sarà più bellezza ed armonia.

Estremisti Vegani

Tutti percorriamo un cammino spirituale nel corso della nostra esistenza. Pitagora ed i suoi discepoli, aperti alle idee del loro tempo, verebbero ancora considerati degli estremisti da molte persone. Oggigiorno, la schiavitù e le ingiustizie a cui sono costretti gli animali non umani sono considerate normali dalla maggioranza degli individui. Un giorno, guardandoci indietro, rideremo di noi per avere ritenuto i diritti animali una forma di estremismo.

La gente definisce i vegani degli estremisti. Ed è vero. Siamo estremamente amorevoli verso tutte le creature. Sono la gentilezza, l'amore e la compassione per tutti gli esseri senzienti che la società si ostina a non accettare. La bontà che sboccia dai nostri cuori è ciò che viene considerato *estremo*.

E' vero che io e gli altri come me siamo differenti e l'essere diversi viene reputato radicale ed estremo. Se non mangiamo lo stesso cibo, se non ci vestiamo allo stesso modo, o parliamo come chiunque altro, veniamo etichettati come diversi. L'*estremismo* è, in effetti, un'ideologia che devia dall'opinione corrente o dalle convenzioni culturali.[6] Eppure, quando prendiamo in analisi il concetto di *moralità*, possiamo constatare che è nella nostra natura essere sensibili, affettuosi e compassionevoli verso tutti gli esseri.[7] La benevolenza e la pietà verso tutto rappresentano la base morale del veganesimo.

Finché non ritroveremo le nostre radici—che affondano nell'amorevolezza e magnanimità—rimarremo dei selvaggi. Anche i vegani che si nutrono di cibo spazzatura non potranno raggiungere il loro più alto potenziale fino a quando non cominceranno ad arricchire la loro dieta con alimenti integrali, freschi e colmi di vita. Dobbiamo rivalutare le nostre abitudini e fare tutto ciò che è in nostro potere per ridurre il nostro danno. Naturalmente, i vegani che si nutrono di schifezze vivono comunque in modo più etico e compassionevole dei carnivori, ma se vogliamo giungere al nostro massimo potenziale umano, dobbiamo sintonizzarci sulle frequenze energetiche spiritualmente più alte.

"Non c'è niente di estremo nel preoccuparsi di te stesso e degli animali"[8]
Benjamin Zephaniah, Autore, poeta, e musicista

Gli stadi del Veganesimo

Nel suo libro e nelle sue interviste, il Dr. Will Tuttle parla dei vari stadi del veganesimo. Malgrado si presentino tre fasi principali, ve ne possono essere anche di più. La prima è quella cosiddetta del '*vegan superficiale*'. Una persona può diventare vegana per motivi di salute, o perché ha visto un video sulla crudeltà verso gli animali ed è passata ad una dieta totalmente vegetale. A volte, si consuma un sacco di cibo spazzatura vegano senza comprendere appieno le ragioni di questa scelta. Molta gente, arrivata a questo punto, torna a mangiare carne, latticini e uova.

Il secondo passo è quello del *"vegano arrabbiato"*, in cui una persona si rende maggiormente conto di quello che sta dietro al veganesimo e si adira e critica gli altri. I vegani potrebbero gridare contro le persone che indossano pellicce o mangiano prodotti animali e vedere il resto del mondo come differente da se stessi ed essere visti allo stesso modo da altri. Questa non è una forma di campagna positiva, perché scoraggia le persone e fa sembrare i vegani degli "estremisti".

L'esatto opposto del vegano arrabbiato è indicato come *"vegano non dichiarato"*. Con questa definizione si intende una persona vegana che non desidera parlare o promuovere il proprio messaggio e preferisce mantenere la riservatezza sui propri principi e lasciare gli altri fare ciò che vogliono. [Vedi Capitolo XIV].

Dopo il non dichiarato, viene il *"veganesimo profondo"*, dove si comprendono in dettaglio i dettami del veganesimo, che viene adottato come stile di vita nella sua interezza. Si vive dando l'esempio, cercando di minimizzare il proprio impatto quantunque possibile e non ci si spazientisce a parlare con altri. Tutti gli animali vengono percepiti come esseri senzienti e non viene mangiato, adoperato od usato alcun prodotto animale. I carnivori non vengono visti come diversi da se stessi, ma, piuttosto, come pre-vegani, come persone che finiranno col diventarlo prima o poi. Essi non sono altro che quello che era un vegano prima di diventare tale e vanno rispettati ed amati. Si smette di giudicare e di essere astiosi e si diventa amorevoli a tal punto che spesso il tono della propria voce si fa carezzevole. Ci si rivolge alle persone usando la prima persona singolare e non la seconda (tu/voi), in modo da non apparire critici. Dopo questa presa di coscienza, possono verificarsi altri momenti di profonda crescita personale. L'apprendere da autodidatti, parlare con le persone ed anni di esperienza, ci forniscono la conoscenza e la capacità di essere degli attivisti vegani migliori e più consapevoli.

CAPITOLO XI
LE PIANTE SOFFRONO?

Secondo la letteratura scientifica, le piante non hanno né un cervello, né un sistema nervoso, da cui ne consegue che non possono provare dolore. Tuttavia, esse rispondono agli stimoli, il che è molto diverso dal dolore.

Mentre credo che tutte le cose su questo pianeta siano dotate di una forza vitale, dobbiamo ricordare che gli esseri mobili, come gli umani e gli animali, sono i soli a provare sensazioni quali dolore, felicità e simili. Non esiste ancora alcuna prova scietifica che le piante sperimentino lo stesso tipo di sensazioni.[1] Se le piante potessero provare dolore, questo non ci darebbe comunque il diritto di continuare a torturare ed uccidere animali a nostro piacimento.

Inoltre, le piante, come possiamo capire dalla semplice osservazione, non si possono spostare, non urlano, né scappano. Malgrado qualcuno possa sostenere che neppure i pesci gridino, di sicuro si spostano ed annaspano convulsivamente quando vengono tirati fuori dall'acqua. Sappiamo che, quando i pesci si divincolano, è perché provano disagio e dolore.

Guardando la natura, viene naturale chiedersi: "Madre Natura ha dotato le piante della capacità di sentire, o le ha create come sostentamento per gli animali e generato la sabbia ed il suolo sotto i nostri piedi affinché li sentissimo? Anche se credo che tutto su questo pianeta abbia qualche sorta di forza vitale, tagliare un cavolo, od una banana, è molto differente dal conficcare un coltello in un essere senziente come mucche, maiali o pesci. Siamo consapevoli del fatto che occorrono più acqua, energia, terreno e mangimi vegetali, quando mangiamo prodotti animali, che con una dieta vegana. Alla fine, molte più piante vengono rase al suolo nutrendoci di derivati animali.

In qualità di esseri umani, dobbiamo comprendere il reale

senso della vita, che consiste semplicemente nel cercare di minimizzare il nostro danno e la sofferenza altrui, prendendoci cura del pianeta, così come gli uni degli altri.

Secondo me, le piante certamente sono vive. Non sono sicuro se esse sentano effettivamente dolore o meno, ma sono senz'altro vive.

Nell'ipotesi che anche le piante siano senzienti, forse sarebbe meglio mangiare i frutti degli alberi, perché questo non li farebbe né patire né morire.

"La coltivazione delle piante (che era tipicamente un lavoro femminile) tira fuori il meglio in noi, perché ci riporta a contatto con la natura e fa conoscere il ciclo della vita nella sua abbondanza e creatività."[2]
Will Tuttle, PhD, Autore di *The World Peace Diet*

"Per essere senzienti, le piante dovrebbero avere una sorta di tessuto capace di innescare, se stimolate, un meccanismo di percezione del dolore. Non vi è alcuna struttura, nelle piante, analoga ai neuroni (recettori del dolore) ed alle porzioni sensoriali del cervello riscontrabili negli animali vertebrati. Gli animali, essendo capaci di muoversi, traggono vantaggio dalla capacità di soffrire, ma le piante, chiaramente, non ne hanno il bisogno biologico od evolutivo. Anche se, contrariamente a tutte le prove, le piante provassero dolore, sarebbe ancora preferibile essere vegani, perché vengono consumati molti più vegetali per coltivare i mangimi per gli animali d'allevamento."[3]
Vegan Outreach

CAPITOLO XII
L'AMORE E' LA RISPOSTA

"Se non amiamo noi stessi, non possiamo amare il nostro prossimo. Quando ci viene chiesto di amare gli altri innanzitutto ed di amarli più di noi stessi, questo risulta impossibile. Se non riuscite ad amare voi stessi, non potete amare nessun altro. Per questo motivo, dobbiamo concentrarci per capire in quale modo possiamo usare tutto il nostro potere a fin di bene, quali capacità abbiamo, quale sia il nostro tipo di saggezza, quale il nostro talento e quanto grande sia il nostro amore. Solo dopo aver riconosciuto le nostre virtù, possiamo imparare ad amare il prossimo."[1]
Supreme Maestro Ching Hai, Poeta, Pittore, Musicista, Scrittore ed Imprenditore

Perché dobbiamo amare il prossimo

Howard Lyman, allevatore di bovini di quarta generazione ed autore del libro "Mad Cowboy (Cowboy Matto)", nel documentario "Peaceable Kingdom: The Journey Home (Regno della pace: il viaggio verso casa)" ha detto:

"Ci troviamo in questo pianeta in qualità di *Homo sapiens* per imparare una sola cosa: l'amore incondizionato. Non si parla di amore incondizionato inteso esclusivamente verso gli umani, o l'ambiente, ma, bensì, verso l'intera comunità che abita questo pianeta."[2]

Howard Lyman ha assolutamente ragione: l'amore incondizionato è la risposta. Un amore incondizionato che includa tutti gli esseri, non solo gli umani, ma tutto. Nel film, egli continua col dire:

"Esulto semplicemente del fatto che sono in grado di venire qui e trascorrere del tempo con persone che hanno l'opportunità di cambiare il mondo. E dal profondo del mio cuore, vi dirò che abbiamo bisogno di cambiare il mondo, la nostra società, perché sappiamo che così essa non sopravviverà."[3]

Credo che l'unico modo per sopravvivere sia amando tutte le creature, grandi o piccole che siano. Quando amiamo, l'amore che noi irradiamo viene emanato a noi di ritorno. Possiamo non riconoscerne gli effetti immediati, ma proveremo sempre più gioia e felicità, quanto più amiamo.

L'amore è la sola strada. Amare è la più alta forma di carità che si possa avere, anche nei confronti di chi lavora negli allevamenti intensivi e nei macelli. E' proprio così, anch'essi necessitano del nostro amore. Anche se alcuni di noi possono nutrire sentimenti di odio o rabbia nei loro confronti, dobbiamo capire che essi sono nati, come tutti noi, in una cultura che forza a consumare prodotti animali e non è qualcosa di insito in loro. Dobbiamo anche tenere bene a mente che la maggior parte di loro accetta questi lavori per disperazione, solo per guadagnarsi da vivere. Perché serbare rancore nei loro confronti? Abbiamo il dovere di vedere amore in tutto e tutti. Il karma negativo porta karma negativo.[4,5] Il pricipio di base del veganesimo è di amare tutte le creature. Se non amiamo tutti, inclusi coloro che mangiano carne (o pre-vegani) e coloro che macellano animali, come possiamo considerarci vegani amorevoli e compassionevoli? Più riusciamo a vedere amore in chiunque, più riusciamo ad irradiare amore nelle nostre vite e nel mondo che ci circonda.

Sebbene, visitando un macello, abbia assistito ad alcuni dei più terribili abusi ai danni di animali, non sono gli operai a dover essere biasimati. Se andassi là a cercare di fermare le atrocità, di che giovamento sarebbe? Quest'industria continuerebbe ad abusare degli animali. Quello di cui abbiamo bisogno è amare chi lavora nei macelli ed avere fiducia che, un giorno, si sveglieranno, così come l'industria stessa ed i consumatori. Non scordatevi che noi (i consumatori) siamo coloro che richiedono i prodotti. L'industria rifornisce la domanda. Dall'esterno potrebbe sembrare che i lavoratori dei macelli siano i soli colpevoli, ma, veramente, nessuno è senza colpa. Universalmente, in qualità di *Homo sapiens,* dobbiamo evolverci verso una più alta sfera di consapevolezza, una nuova spiritualità. Come possiamo crescere spiritualmente, se rivolgiamo le nostre energie in direzione della violenza e distruggendo qualsiasi cosa su questo pianeta? Nessuno realmente può saperlo, ma se continuiamo ad amare e prenderci cura gli uni degli altri, cose sorprendenti potranno accadere.

In qualità di esseri umani, la violenza ci fa male. Anche se possiamo avvertire la necessità di prendercela con coloro che causano abuso, questa non è la soluzione. Dobbiamo amare incondizionatamente tutti, inclusi coloro che sono violenti con gli altri.

Harold Brown è un ex allevatore di animali, presentato nel film "Peaceable Kingdom: The Journey Home (Regno della pace: il viaggio verso casa)",

> "Le persone mi hanno chiesto, dunque: "Come diamine puoi avere fatto questo?... Ed è una domanda a cui è molto difficile rispondere. Come fai a farlo? Come riesci ad uccidere l'animale e macellarlo? Più il tempo passava, più realizzavo di dovermi esercitare a mantenere un certo livello di distacco emotivo dagli animali, cosa che richiedeva uno sforzo enorme, come mai prima in vita mia."[6]

Fin dall'infanzia, l'amore e la compassione, innati in noi, vengono celati e soppressi. In ciascuno di noi, si nasconde una persona veramente tenera e premurosa. Al fine di risvegliare la nostra vera, innata saggezza, dobbiamo attraversare un processo di rivelazione dal nostro interno.

Il Mahatma Gandhi, anche dopo aver subito abusi fisici da parte di altre persone, aveva ragione a dire ai suoi seguaci di mostrare amore e misericordia verso chi faceva del male e di non fare mai uso della violenza. Anche Martin Luther King, Jr. aveva già capito questo concetto, quando fece il suo sermone alla Chiesa Battista di Dexter Avenue a Montgomery, Alabama, il giorno di Natale del 1957:

"Prima di tutto, dobbiamo sviluppare e mantenere la capacità di perdonare. Colui che è privo del potere di perdonare, non possiede neppure quello di amare. E' impossibile anche solo concepire l'atto di amare il proprio nemico, senza accettare a priori la necessità, ancora ed ancora, di perdonare coloro che ci recano danno e provocano ferite morali. E' anche necessario comprendere che l'azione del perdono deve sempre partire da chi ha subito il torto, la vittima di tanta sofferenza, il ricettore di tanta subdola ingiustizia, colui che ha ammortizzato una così terribile oppressione."[7]

Nel libro "Peace to all Beings (Pace a tutte le creature)" di Judy Carman, c'è una storia che riassume perfettamente tutto questo:

"Un ladro entrò nel cottage di Pavahari Baba per rubare quello che poteva. Quando Pavahari Baba fece ritorno a casa e vide il ladro, lo inseguì, offrendogli di più, implorandolo di tornare indietro e prendere tutto ciò di cui avesse bisogno. In soggezione per la sua reazione, il ladrò non rubò più e divenne un discepolo di Pavahari."[8]

Possiamo vedere questa storia come una lezione per coloro che commettono cattive azioni. E' difficile riuscire a capire cosa passi loro per la testa a meno che non si sia loro. Le loro storie sono uniche e non dobbiamo giudicare nessuno.

Quando ero bambino, come chiunque altro nella nostra cultura, mangiavo grandi quantità di carne, latticini ed uova. Non ero una persona malvagia, mi era semplicemente stato insegnato, fin dalla tenera età, dai miei genitori e tutte le istituzioni, che questo era il modo in cui si supponeva che mangiassimo e non lo mettevo in discussione.

Nel corso degli anni, cominciai a vedere e sentire me stesso negli altri. Siamo interconnessi. Questo è l'amore: dobbiamo provare empatia nei confronti degli altri. Solo quando saremo capaci di interessarci agli altri ed amarci incondizionatamente, potremo vivere il nostro vero scopo nella vita. In qualità di animali, umani e non umani, vogliamo vivere il nostro proposito senza alcuno strazio e sofferenza. Tuttavia, per realizzare appieno il nostro potenziale di esseri umani, abbiamo il dovere di alleviare la sofferenza il più possibile. Questo significa che dobbiamo amare tutti gli animali ed i nostri simili.

Se stessimo camminando lungo la strada e vedessimo qualcuno picchiare un cane, non vorremmo fare qualcosa per fermarlo? Se vedessimo qualcuno picchiare un maiale od un pollo, non sentiremmo il dovere di intervenire per impedire tutto questo? Qualsiasi essere umano dotato di un minimo di razionalità, probabilmente, cercherebbe di arrestare ogni forma di crudeltà di cui è testimone. Ci soffermiamo mai a riflettere sull'incessante violenza che il nostro cibo causa agli animali negli allevamenti e nei macelli? No! Se sosteniamo di essere contrari alla crudeltà sugli animali, è ora di cominciare ad interessarci a tutti gli animali, inclusi quelli che consideriamo cibo. Dovrebbe essere scontato, per noi, trattare i nostri compagni animali, come cani e gatti, con amore e compassione ed avere lo stesso atteggiamento nei confronti di maiali, polli, tacchini, mucche ed altri animali d'allevamento. Amare ed occuparsi solo di determinati tipi di animali è incredibilmente ipocrita ed incoerente con il nostro modo di vedere gli animali. Se mangiamo hamburger, hot dog, pizza col salame piccante o filetti di pesce, siamo veramente preoccupati del benessere degli animali?

Dall'esterno, possiamo dare l'impressione di non curarci degli animali d'allevamento, ma, nel profondo del nostro cuore, ce ne importa eccome. Se ci fosse data la possibilità di sperimentare uno scenario come quello descritto in precedenza, cercheremmo di porre termine alla violenza, perché sappiamo che essa è sbagliata e dobbiamo fare di tutto per impedirla. Perché non siamo capaci di vedere l'immensa atrocità che si nasconde dietro la bistecca, l'hamburger, il latte e le uova? Come mai è solo quando assistiamo alla barbarie coi nostri occhi, che agiamo per contrastarla? Come mai alcuni di noi, dopo aver guardato filmati su macelli ed allevamenti intensivi, scelgono razionalmente di alimentarsi in modo da non causare danno a queste creature?

E' una prigione del cibo, di cui facciamo attivamente parte. Come Albert Einstein disse:

"Ogni essere umano è parte di un tutto, da noi chiamato *Universo*, una parte limitata nel tempo e nello spazio. Egli vive se stesso, i propri pensieri e sentimenti come qualcosa di separato dal resto—una sorta di illusione ottica della propria coscienza. Questa allucinazione è per noi una sorta di prigione, che ci limita entro i confini dei nostri egoistici desideri ed all'affezionarci solo ad un ristretto gruppo di persone attorno a noi. Il nostro compito deve essere quello di liberarci da questa Prigione Metafisica del cibo, ampliando il nostro circolo di compassione per abbracciare tutte le creature viventi e l'intera natura in tutta la sua bellezza."[9]

Esistono individui a cui non potrebbe importare di meno degli animali. Malgrado io creda che tutti gli esseri umani siano compassionevoli per natura, queste persone semplicemente non hanno a cuore la vita altrui. Penso che costoro siano profondamente trincerati negli schemi culturali in cui sono cresciuti e siano così ciechi da non riuscire a pensare che ai propri bisogni egoistici. Anche a costoro deve essere rivolto il nostro amore.

Qualsiasi cosa, come chiunque di noi, è interconnessa in qualche modo. La vita si evolve dal terreno che restituisce le sostanze nutritive alle piante, da cui, a nostra volta, traiamo sostentamento. I panda, le tigri, i leoni, gli elefanti, le zebre, gli alligatori, gli squali, le balene, i delfini, i cani, i gatti, i pesci, i conigli, i polli, i maiali, le mucche, le anatre ed i cavalli sono tutti qui per uno scopo. Sono su questo pianeta per una ragione. Tutti gli animali cedono principi nutritivi al terreno attraverso il proprio corpo ed i propri fluidi corporei. La vita di ciascuna creatura ha un proposito e, proprio come noi, ciascun essere respira, si riproduce, prova gioia e dolore.

Tendiamo a trascurare gli animali e le loro formidabili caratteristiche e capacità: l'abilità dei pesci a vivere sott'acqua, il poter volare degli uccelli, la destrezza degli insetti ed altri animali nello scavare gallerie, vivere dentro e fuori dall'acqua od adattarsi a temperature estreme. Non manifestiamo nessuno di questi tratti, ma ci consideriamo ad essi superiori. E' forse a causa della nostra tecnologia o del linguaggio che ci reputiamo migliori, o perché possiamo imporre il nostro dominio ed abusare di loro? Ed anche se siamo in grado di nuotare, volare, o sopravvivere in situazioni di estremo calore o estremo freddo, non ne siamo capaci tanto quanto altri animali e, di sicuro, non senza l'aiuto della tecnologia.

In natura, gli animali uccidono solo se necessario e solo per sopravvivere, mentre gli esseri umani non hanno nessun bisogno di uccidere per cibo, o qualsiasi altro motivo. Anche gli Inuit, che vivono nelle regioni artiche, ora hanno accesso a cibo proveniente da aree più a sud, così come alla traspirazione moderna, ai mezzi di comunicazione ed altri tipi di tecnologia. Loro malgrado, la loro dieta, stracolma di carne molto grassa e pesce, li ha ridotti ad avere un'aspettativa di vita molto breve ed ad un alto tasso di osteoporosi. Gli esseri umani sono originari di climi tropicali e non sono fatti assolutamente per vivere negli Artici.[10, 11] Nel mondo in cui viviamo oggi, c'è ampio accesso a supermercati, il che rende l'essere vegani molto praticabile.

"La gentilezza e la compassione verso tutte le creature è segno di civilizzazione. Solo quando saremo diventati non-violenti verso tutta la vita, avremo veramente appreso a vivere correttamente."[12]
César Chávez, Lavoratore Agricolo, Leader Laburista ed Attivista dei Diritti Civili

Il Veganesimo è amore

E' bene cercare di capire quale sia la storia che sta dietro alla parola *vegan*. L'uso del termine vegetariano fu documentato per la prima volta nel 1842, ma venne diffuso solo dopo la nascita della Società Vegetariana nel 1847.[13] Nel 1944, in Inghilterra, Donald Watson coniò il termine *vegan* e fondò la Società Vegana, perché desiderava una definizione più atta ad includere tutti gli esseri senzienti nel circolo della compassione.

"Il veganesimo denota una filosofia ed un modo di vivere che ambisce ad escludere—per quanto possibile—tutte le forme di sfruttamento, crudeltà, ed impiego degli animali per cibo, abbigliamento, o qualsiasi altro proposito, e, per estensione, promuove lo sviluppo ed uso di alternative prive di prodotti animali per il beneficio di umani, animali ed ambiente."[14, 15]

Watson creò questa parola basandosi sulla bontà e compassione e non per salute o preoccupazioni ambientali (anche se il veganesimo giova alla nostra salute ed all'ambiente). I vegetariani si astengono dal consumare carne (inclusi animali marini), ma possono includere nella loro dieta latticini e/o uova, possono indossare indumenti animali e/o fare uso di altri prodotti animali e/o supportare industrie fondate sullo sfruttamento animale, come circhi e parchi marini. Questi individui prendono il nome di latto-ovo vegetariani.[16] Una dieta vegetariana originariamente designava una dieta vegetale priva di prodotti animali, ma, oggigiorno, persone che mangiano uova, latticini ed anche pesce e pollo si considerano vegetariane. Questo è il motivo per cui amo adoperare la parola vegan: perché non esclude alcun essere dalla sfera della nostra compassione.

Il miele, tuttavia, è argomento di dibattito all'interno della comunità vegana. Sei vegano se consumi miele? Detta molto semplicemente, il miele è un prodotto animale, nient'altro che cibo rigurgitato proveniente dallo stomaco delle api e che non può essere considerate vegano.[17]

Se crediamo nella pace e nell'amore incondizionato, dobbiamo includere tutti gli esseri nella nostra sfera di compassione. Pace significa proprio questo: ammettere che siamo un tutt'uno, che siamo tutti interconnessi, ciascuno col proprio proposito, con impulsi e sentimenti propri. In qualità di animali, siamo tutte creature viventi dotate della capacità di respirare. Come A. C. Bhaktivedanta Swami Prabhupada disse:

> "L'animale mangia, tu mangi; l'animale dorme, tu dormi; l'animale si difende, tu ti difendi; l'animale si riproduce, tu ti riproduci; tu hai un luogo dove vivere, essi hanno un luogo dove vivere. Se il corpo dell'animale viene reciso, ne esce del sangue; se il tuo corpo viene mozzato, ne fuoriesce sangue. Queste sono tutte affinità che ci accomunano a loro. In logica questa è chiamata analogia. Analogia vuol dire trarre una conclusione trovando molti elementi comuni. Se

esistono così tante similarità tra esseri umani ed animali, perché ostinarsi a negarle? Questa non è logica. Questa non è scienza."[18]

Tutti gli animali, anche la comune mosca di casa e la forbicina, ricoprono un determinato ruolo ed adempiono ad un fine ben preciso su questo pianeta. La mosca comune impollina i fiori e gli alberi da frutta, costituendo, a sua volta, una fonte di cibo per uccelli e molti altri animali. Anche le creature più minuscole ed i microrganismi hanno uno scopo da adempiere nei suoli, negli alberi ed altri ecosistemi presenti nel nostro ambiente. Gli uccelli provvedono alle mosche ed altri insetti e gli insetti fanno lo stesso con i microrganismi presenti nel suolo. I carnivori all'apice della catena alimentare, quali lupi, squali e leoni, hanno anch'essi una funzione fondamentale nell'universo.

Malgrado ciò, credo fermamente nella visione di Mango Wodzak's, secondo cui, un giorno, anche le tigri ed i leoni siederanno con compassione accanto alle gazzelle ed alle zebre. Questo scenario viene dipinto nella Bibbia, con Adamo ed Eva nel giardino dell'Eden, dove la pace regna fra tutti gli animali. Confido nel fatto che un mondo così sia possibile non solo nella nostra immaginazione, ma anche nella realtà.

"Dobbiamo, in qualche modo, fare il doppio della fatica per tentare di aiutare le persone a capire che gli animali sono creature a noi pari, bisognose dello stesso amore che noi riserviamo a noi stessi."[19]
César Chávez, Lavoratore Agricolo, Leader Laburista ed Attivista dei Diritti Civili

"Finché non riusciremo ad amare gli animali, la nostra anima rimarrà sopita"[20]
Anatole France

"L'amore per tutte le creature viventi è la qualità più nobile di un uomo"[21]
Charles Darwin

CAPITOLO XIII
LA TRANSIZIONE A VEGAN

Consapevolezza umana

Dobbiamo darci una svegliata ed essere consapevoli di avere causato un disastro da cui, altrimenti, non riusciremo a salvarci. Questa presa di coscienza avrà come primo passo la transizione ad uno stile di vita vegano. Anche la meditazione gioca un ruolo importante nel trasformare noi stessi ed il mondo attorno a noi. Più persone cominceranno ad assumere consapevolezza degli effetti positivi del veganesimo, più avvertiremo energia positiva attorno a noi.

Guardandoci indietro, vedremo quanto dannoso sia stato imporre violenza e barbarie a noi stessi ed al pianeta. In futuro, grazie alla nostra intelligenza ed all'ausilio della tecnologia, potremo solo sperare in un mondo migliore, fatto di pace ed armonia. Quando penso al passato ed a come fossero prima le cose, non riesco a credere che siamo riusciti ad avanzare ad un tale livello tecnologico. Malgrado ciò, c'è ancora molto lavoro da fare.

La Terra ha circa 4.5 miliardi di anni.[1, 2] L'uomo ha vissuto solo un'insignificante frazione di questo tempo. Il comportamento di ciascuno di noi avrà delle ripercussioni nel futuro ed ogni seme piantato è una speranza per il progresso umano. E' ora di prendere sul serio la cosa e cominciare a guardare cosa ci sia nel nostro piatto.

Da ora in poi, quello che faremo, il modo in cui riusciremo ad armonizzarci mentalmente e spiritualmente col mondo diventerà compito di ciascuno di noi. In qualità di esseri dotati di ragione, possiamo o scegliere di assumere uno stile di vita vegano e vivere nel Giardino dell'Eden, o continuare a distruggere questo meraviglioso luogo pieno d'amore che è il nostro Pianeta Terra.

"Finché continueremo ad essere una cultura che, così

radicatamente, considera gli animali una semplice merce di scambio e cibo, le probabilità di una nostra sopravvivenza saranno scarse."[3]

Will Tuttle, PhD, Autore di *The World Peace Diet*

Cibo di transizione

Al giorno d'oggi, è molto più semplice diventare vegani che in passato. Come avete letto nel Capitolo III — La guida al Cibo Vegano — esistono molti tipi di alimenti che possono sostituire la carne, tutti prodotti designati a rendere la transizione a vegan anche più facile. Diversamente da trenta o anche vent'anni fa — quando sul mercato esistevano poche ed insipide alternative alla carne — oggigiorno, si possono trovare molte alternative dal gusto molto simile a quello dei corrispondenti prodotti animali. Molte di queste soluzioni sono diffuse in tutti i mercati, da una costa all'altra. Alcuni di essi non sono un granché, mentre altri sono molto saporiti. Alcuni sono ricavati dalla soia, altri dal grano o dal riso. Siate consapevoli che non tutti i surrogati della carne sono vegani: alcuni possono essere vegetariani. Solitamente quelli vegani riportano un simbolo sul retro. Se non ne siete sicuri, controllate gli ingredienti o contattate la casa di produzione per accertarvi che essi siano 100% vegani.

Esistono affettati vegani, finto tacchino, veggie dogs e veggie burgers, pizza vegana, costolette vegetali, pancetta vegana, frutti di mare vegani, pollo vegano, e molto di più. Alcune pietanze, come le imitazioni del granchio, per esempio, non sono neanche lontanamente vegetariane, ma ricavate dal pesce. Per questo motivo, non fatevi ingannare dalle parole "imitazione" o "finto", concludendo che si tratti di un prodotto vegano. Assicuratevi di controllare la lista degli ingredienti.

La maggior parte dei sostituti della carne ha alla base più di un ingrediente, quali soia, riso, o glutine. Tutti i tipi di latte di soia, mandorle, riso ed anche canapa, cocco, avena, farro, segale, quinoa, lino, girasole, nocciola, anacardi, rappresentano squisite alternative al latte vaccino e sono convenienti oggi come mai prima d'ora. In pratica, tutti i negozi locali, oggigiorno, vendono qualche marca di latte di soia, riso, o mandorle. Alcune bevande vegetali sono addizionate in calcio e vitamine D e B12 ed alcune sono biologiche. Spesso, è possibile trovare una grande varietà di gusti di latte vegetale, quali naturale, vaniglia, o cioccolato [da comprare solo se riporta la sigla "equo-solidale"], o anche aromatizzato alla frutta, come mango e fragola. Oggi si trovano in commercio anche la panna di soia e di cocco per guarnire il caffè. Per favore, tenete presente che non tutti i tipi di latte vegetale sono vegani. Controllate gli ingredienti, o contattate l'azienda per esserne sicuri. Alcuni possono contenere aromi naturali non vegetali o vitamina D3 derivante da lanolina.

Si possono trovare anche formaggi vegani. Sono fatti con soia, riso, o anacardi. Alcuni formaggi di soia possono contenere caseina — una proteina del latte — (qualche volta chiamata anche caseinato o caseinato di sodio). I formaggi vegani si presentano sotto forma di blocchi, grattuggiati, o a fette. Alcuni fondono, altri no. Ciascuno di essi possiede un sapore specifico. Sono disponibili sul mercato anche molti formaggi tipici, quali il parmigiano vegano, lo spalmabile e la ricotta, ad esempio. Queste specialità sono reperibili in negozi di prodotti biologici, o grandi supermercati.

Vi sono molte marche e gusti di gelato vegano, yogurt vegano ed altre alternative ai latticini. Alcune sono biologiche, altre no. In sostanza, al giorno d'oggi, esiste un sostituto vegetale per ogni tipo di latticino.

E' anche molto facile sostituire uova, latte vaccino e miele nei dolci e nei piatti salati. Sebbene possa volerci un po' per trovare quello che faccia al caso nostro in ogni specifico caso, si può scoprire che, a lungo termine, le opzioni vegane sono più convenienti dei prodotti animali. Per ulteriori informazioni a riguardo, visitare il sito: http://thevegansandwich.com/vegan-alternatives

"Per i primi ventisette anni della mia vita, mangiai
animali e le loro escrezioni. Tuttavia, mentre

trascorrevo del tempo al Farm Sanctuary, non mi saltava minimamente in mente di riflettere su come causassi dolore agli animali. Mi stavo semplicemente divertendo a coccolarli ed a guardarli negli occhi. Provavo amore nei loro confronti ed ero grato che si trovassero in un luogo dove potessero essere se stessi ed interagire colla natura e fra di loro."

John Sakars, Attivista dei Diritti Animali

Costo

Provate a confrontare il costo di uno stile di vita vegano molto semplice con una dieta a base di carne e vi accorgerete che, nel complesso, il veganesimo fa risparmiare soldi. Acquistare cibo essenziale come verdura, frutta, cereali, noci, semi e legumi, arricchendo la dieta con un integratore di B12 è, nell'insieme, meno dispendioso di una dieta americana di tipo standard (Standard American Diet, o SAD).[4] Una dieta di tipo onnivoro non include solo carne, latticini, uova, frutta e verdura, ma anche le spese dovute a medicinali e visite ospedaliere ad essa associate.

Potrebbe sembrare che, a breve termine, mangiare regolarmente cibo da fast-food non costi nulla; chi non si può permettere novantanove centesimi per un hamburger? Purtroppo, a lungo andare, questa scelta impoverisce le nostre tasche e danneggia la nostra salute.

Le persone che consumano regolarmente cibo da fast-food finiscono per ammalarsi e dovere sostenere gravose spese mediche derivanti dal loro stile di vita. Anche coloro che stanno a casa ad imbottirsi di prodotti animali possiedono scarsa energia vitale. [vedere il Capitolo III sulle Implicazioni per la salute]. Non c'è da meravigliarsi se, al giorno d'oggi, milioni di individui vengano ricoverati in ospedale per colpa di problemi di salute. Più volte l'anno, qualche membro della famiglia si ammala, perché ha contratto il virus del raffreddore o dell'influenza. Inevitabilmente, coloro che consumano derivati animali si buscheranno qualche malore e dovranno andare dal dottore o, addiritttura, all'ospedale. Questo significa che dovranno pagare i medicinali e non potersi dedicare a lavoro, scuola, o vita familiare.

Il tempo è denaro e, quando si ha una dipendenza da carne è inevitabile che ne venga sottratto parecchio a lavoro, scuola o qualsiasi altra attività. Sul lungo periodo, uno stile di vita vegano è ideale per risparmiare soldi e salvaguardare l'ambiente, oltre che per le altre ragioni etiche già discusse.

Eppure, in alcuni casi, l'essere vegano può essere molto costoso. Se si acquistano sempre e solo sostituti della carne quali veggie burgers o formaggi di soia, od esclusivamente prodotti biologici, si può spendere molto più denaro rispetto alla dieta americana di tipo standard (Standard American Diet, o SAD). Mi sento in dovere di sottolineare che questi alimenti di transizione dovrebbero essere riservati solo ai primi stadi del veganesimo, quando lasciare perdere i prodotti animali può essere arduo. In una fase successiva, è meglio focalizzarsi solo su frutta, verdura, legumi e cereali. Ai tempi d'oggi, il veganesimo è più facile che mai e nessuno deve soffrire a causa delle nostre abitudini alimentari.

Una volta aperti gli occhi sul vero costo di una dieta a base di carne, dell'imprigionare e rendere schiavi gli animali, del distruggere l'ambiente e, di ritorno, del fare ammalare noi stessi, ci possiamo finalmente rendere conto del perché essere vegani rappresenti la soluzione migliore.

CAPITOLO XIV
PERCHE' ESSERE COMPASSIONEVOLI

Perché diventare attivisti?

Durante la fase di transizione al veganesimo, è importante fare di tutto non solo per fare acquisti conformi al nostro nuovo stile di vita, ma anche per diffondere il messaggio della compassione agli altri. Una volta comprese le obiezioni che stanno dietro all'allevare animali per cibo [vedere i Capitoli IV e V], ed aver guardato documentari quali "Farm to Fridge (Dall'allevamento al frigorifero)" e "10 Billions Lives (10 Miliardi di vite)", vorremo trasmettere quest'insegnamento a più persone possibile.[1, 2] Come si può non volere divulgare questi contenuti al mondo, dopo essere stati testimoni di quest'inconcepibile crudeltà?

Come sappiamo, un vegano salva alcune migliaia di animali nel corso della propria vita, ma, in qualità di attivisti ed educatori, ciascuno di noi può risparmiarne migliaia e migliaia di più. Se ce ne stiamo zitti, tenendo tutto per noi stessi, come possiamo aspettarci che le cose su questo pianeta migliorino? Siamo consapevoli che milioni dopo milioni di animali vengono brutalmente torturati e macellati per il consumo umano: è nostro dovere essere la voce di chi "non ha voce".

Dopo aver guardato negli occhi questi animali d'allevamento terrorizzati, è nostro dovere salvarli e proteggerli. Se pensiamo che non mangiare o comperare derivati animali sia solo una scelta personale e riteniamo di non dover imporre le nostre "visioni" sugli altri, allora ci stiamo proprio dimenticando di queste creature. Esse non hanno scelta e vengono barbaramente assassinate ogni singolo giorno a causa dell'ingordigia e dell'avidità umane. Abbiamo l'obbligo di fare tutto quello che è in nostro potere per aiutarle. Naturalmente, dobbiamo farlo nel modo più amorevole e premuroso possibile. Possiamo fare ciò senza litigare con le persone, ma, piuttosto, raccontando loro la nostra storia e cosa ci abbia portato a diventare vegani, fungendo così da esempio. Credo che questo sia uno dei modi migliori per promuovere il veganesimo.

Sono dell'opinione che sia anche una buona idea diffondere il messaggio vegano il più lontano possibile. Lascio volantini vegani negli autobus, nei tram, nelle metropolitane, nelle biblioteche ed in qualsiasi altra area altamente frequentata. Ordino materiale da organizzazioni locali o me ne creo del mio. Pubblicizzo il veganesimo indossando magliette od altro abbigliamento a tema, il più spesso possibile.

In milioni soffrono a causa della nostra società carnivora. Non è abbastanza cambiare le nostre abitudini alimentari e stile di vita: dobbiamo essere la voce degli animali. Attualmente, il livello di distruzione eccede il numero di persone che diventano vegane. Man mano che faremo circolare la compassione, ci accorgeremo che gli animali avranno fatto molto di più per noi, di quanto noi per loro.

Senza alcuna ombra di dubbio, questo è l'atto più grande che possiamo fare non solo per tutti gli esseri senzienti, ma anche per la nostra salute mentale. Ci troviamo qui per aiutarci gli uni con gli altri, non per soddisfare i nostri bisogni egoistici. L'essersi resi conto che tutte le forme di vita sono interconnesse e quanto questo sia importante e prioritario deve spingerci a fare sempre di più. Diventare vegani non basta: dobbiamo uscire dal nostro guscio e parlare con più persone possibile.

Dico sempre alla gente che anche parlare ad un solo individuo può potenzialmente germogliare in qualcosa di più grande. Se costui o costei farà lo stesso con altri, si scatenerà presto un effetto domino che influenzerà molti altri.

Una volta avvertita l'urgenza della situazione, ci renderemo conto anche di quali siano il nostro vero scopo ed il significato della vita. Nient'altro dovrà preoccuparci, una volta colto il vero senso della nostra esistenza; non ci dovremo più affannare per rincorrere beni materiali quali lavoro, case, denaro. Ovviamente, avremo bisogno di soldi o beni materiali per sopravvivere ed insegnare agli altri l'amore incondizionato e la dedizione a tutte le creature.

Giunse un momento per me in cui mi trovai ad esaminare con tutta onestà il problema e dover decidere se io volessi seguire la massa, o prendere le redini della situazione in prima persona. Nessuno poteva aiutarmi: dipendeva da me stabilire cosa potessi fare da quel momento in poi per aiutare il pianeta. Dovevo chiedermi: "Quanto è importante per me il trattamento etico degli animali? Voglio diffondere il messaggio della compassione?" Ed eccomi qui ad aver scelto il cammino che è poi diventato la mia passione e proposito nella vita.

CAPITOLO XV
LA CARNE CI UCCIDE - IL VEGANISMO CI SALVA

Le implicazioni di una dieta a base di carne — Sintesi del perché è sbagliato mangiare animali

Come già abbondantemente detto, l'abitudine umana di nutrirsi di carne sta distruggendo il pianeta; la carne ci sta facendo ammalare ed uccide miliardi di animali innocenti. Migliaia di miliardi di animali — sia di terra, sia di mare — vengono scannati ogni anno per farne cibo. Anche se allevassimo e macellassimo un quantitativo ancor più sostanzioso di animali, non saremmo in grado di sfamare il mondo intero e contrastare il degrado del pianeta. Anche utilizzando animali fatti pascolare liberamente, non riusciremmo a soddisfare il fabbisogno alimentare dell'intera popolazione mondiale.[1]

Malgrado vi siano svariate stime su sovrappeso ed obesità, il World Watch Institute ritiene che le persone che ne sono affette ammontino a due miliardi, mentre quelle malnutrite siano 3.7 miliardi.[2, 3] E' evidente che abbiamo bisogno di un drastico cambiamento, se vogliamo sopravvivere su questo pianeta. Dobbiamo modificare il nostro stile di vita e le nostre consuetudini alimentari, includendo più frutta e verdura nella nostra dieta e diminuendo le pietanze raffinate. L'assunzione di grassi deve essere minimizzata ed i prodotti animali eliminati.

Non ingurgiteremmo così tanti animali oggi se ci limitassimo a piccole fattorie a conduzione familiare, con cui , però, sarebbe impossibile soddisfare l'assillante domanda mondiale di carne. Secondo la FAO (Food and Agriculture Organization of the United Nations), su scala globale, il consumo annuale di carne nel 2009 raggiunse 41.9 kilogrammi. L'Organizzazione Mondiale della Sanità

(World Health Organization) reputa che l'impiego di carne a metà degli anni sessanta ammontasse a 24 kilogrammi. A fine anni novanta, quel numero aumentò fino a 36 kilogrammi. Nel 2010, quella cifra era di quasi 42 kilogrammi. Mentre nei paesi in via di sviluppo si arriva a 32 kilogrammi, in quelli industrializzati si rasentano gli 80.[4, 5]

La nostra dipendenza da carne ed impulso ad ingozzarci di robaccia da fast-food porta decine di migliaia di bambini a morire di fame in questo preciso istante. Vedo il mondo in modo molto diverso da come facevo molti anni fa: non solo sono testimone di un'immane sofferenza, ma sento questo strazio ed afflizione nel mio cuore.

Riserviamo gran parte del grano, dei legumi e fagioli di soia coltivati per fare ingrassare gli animali da allevamento. Questa è una delle ragioni principali della fame nel mondo. Potremmo sfruttare queste piantagioni di cereali e legumi per sfamare gli esseri umani che ne hanno bisogno, invece che per allevare animali da carne.[6]

Gli scienziati stimano che, ogni giorno, dalle 150 alle 200 specie animali e vegetali finiscano per estinguersi; ci rimane da chiederci cosa accadrebbe se si estinguessero gli animali collocabili a livelli più alti della catena alimentare.[7] Le foreste e gli oceani sono i polmoni della Terra: catturano l'anidride carbonica e cedono ossigeno.[8] Senza di essi, molto probabilmente non vi sarebbe vita sulla Terra. Proprio per questo motivo, dobbiamo stare attenti a cosa facciamo all'ambiente in cui viviamo. La perdita degli strati più superficiali dei suoli, siccità, cambiamenti climatici e deforestazione sono tutte importanti tematiche da prendere in seria considerazione.

I prodotti animali non stanno solo devastando l'ambiente e danneggiando gli animali, ma stanno nuocendo anche alla nostra salute. Ogni anno, milioni e milioni di persone vengono ricoverate a causa di qualche disturbo. Non abbiamo ereditato l'influenza od il comune raffreddore, il cancro, le malattie cardiache, o il diabete: qualcosa li ha scatenati. Queste malattie non sono causate dalle piante e non sono nemmeno ereditate geneticamente. La maggior parte delle malattie sono generate dalla nostra dipendenza da carne.[9]

"La ragione per cui la carne ha una così forte presa sulle persone sta nel fatto che essa innesca il rilascio di oppiacei nel cervello. Gli oppiacei agiscono come dei calmanti, esattamente come qualsiasi altro narcotico."[10]

Neal Barnard, Dottore in Medicina

Lo spreco d'energia, acqua, terreno e la desertificazione sono altri problemi con cui ci scontriamo. Come già menzionato in precedenza, la causa primaria di questi ed altri disastri ambientali è l'allevare animali per farne cibo. Stiamo uccidendo il pianeta.

Come discusso nel Capitolo IV, gli animali (specialmente negli allevamenti intensivi) patiscono le pene dell'inferno, sottoposti come sono a continue torture. Maiali, polli, tacchini, mucche ed altri animali vengono sottoposti a mutilazioni e percosse di una violenza inimmaginabile: se cani e gatti venissero trattati così, i colpevoli sarebbero costretti a pagare una multa per atti di crudeltà.

Cose simili accadono alle creature degli oceani, dove enormi imbarcazioni stanno rastrellando i fondali marini, facendo a pezzi tutto quello che si frappone nel loro cammino. Niente viene risparmiato, queste navi vanno in giro distruggendo preziose barriere coralline, catturando milioni e milioni di esemplari di qualsiasi specie. Questo non è nient'altro che quello che l'industria chiama "cattura accessoria" o "bycatch".[11] Secondo il Capitano Paul Watson, fondatore della Sea Shepherd Conservation Society, "Abbiamo rimosso il novanta per cento dei pesci dagli oceani."[12] Questo ha serie implicazioni non solo per la vita nei nostri oceani, ma anche per la nostra stessa sopravvivenza. Se finissimo per uccidere gran parte della vita sul pianeta, probabilmente soccomberemmo. I pesci ripuliscono le acque da molti contaminanti nocivi e, senza di essi, i nostri oceani si ridurrebbero ad un immenso cumulo di liquami.[13]

Sappiamo da qualche tempo ormai che gli animali non umani

provano dolore tanto quanto noi ed, ovviamente, anche quando vengono uccisi.[14] Malgrado questa consapevolezza, ne macelliamo a miliardi. Gli allevamenti intensivi ed i mattatoi rappresentano il più puro terrore per i nostri fratelli e sorelle animali. Non conta come gli animali vengano allevati — all'aperto, liberi di scorazzare, senza gabbie, senza antibiotici, biologici, Halal, Kosher, o, per così dire "umanamente"[15] tutti questi esseri finiscono per venire assassinati e quando le catene di macellazione ruotano a velocità sempre più elevate, la crudeltà non può altro che aggravarsi.

Come fatto notare nel Capitolo IV sugli allevamenti intensivi, nessun tipo di macellazione è veramente umano e se credete ancora che deve esserci un modo "magnanimo" d'allevare ed abbattere animali, state solo prendendo in giro voi stessi. Chiedetevi semplicemente se, nei panni dell'animale, vi piacerebbe venire cresciuti ed ammazzati molto prima del vostro termine naturale, così da potere venire mangiati da qualcuno? Come abbiamo potuto evolverci così da diventare tanto violenti e come possiamo porre riparo all'ingente danno che abbiamo causato?

L'imperativo Vegano — Come il Veganesimo può salvare il Mondo

Non potremo mai aspettarci di trovare pace, unità od amore reciproco se continuiamo a consumare prodotti animali. Solo quando ciascuno di noi avrà adottato uno stile di vita vegano, potranno intercorrere pace, amore ed armonia fra tutti noi.

Il cibo verrà convertito da monocolture destinate ad ingrassare animali da allevamento a frutteti biologici finalizzati a sostentare tutti noi. Il bestiame smetterà di pascolare nella Foresta Amazzonica, dove la fauna selvatica crescerà sana e la vegetazione sarà abbondante e rigogliosa come era un tempo. Gli oceani e le barriere coralline pulluleranno di così tanta vita da riequilibrare l'ecosistema. Gli ospedali apparterranno al passato e non vi sarà più bisogno di medicinali, dal momento che malattie cardiache, cancro, diabete e moltri altri disturbi verranno eliminati.

Essere gentile è innato in noi: nasciamo premurosi ed amorevoli, incapaci di nuocere al mondo. Durante l'infanzia, veniamo indottrinati da una cultura che concepisce gli animali come una mera proprietà, non è una visione che maturiamo da soli. Crescendo, ci sembra normale, naturale e necessario mangiare animali. Non lo poniamo in discussione, perché ci è stato detto dai nostri genitori e parenti, dai nostri sistemi scolastici, dalle istituzioni religiose, dai medici, dalla pubblicità, dai mass media, dalle multinazionali e dai governi, che è normale consumare questo tipo di "cibo". Tutti lo fanno, perché non dovrei farlo anch'io? Uccidere esseri innocenti, tuttavia, non è normale e, col veganesimo, ci impegniamo ad essere la loro voce. Essi non possono parlare la nostra lingua, non possono assolutamente difendersi e sono alla nostra mercé: ecco perché dobbiamo proteggerli.

Gli animali non umani non si vendicano quasi mai di quello che facciamo loro. Sono convinto che questo sia perché ci perdonano per quello che facciamo loro. Ci amano e ci implorano, anche se non sappiamo con precisione a cosa pensino quando i camion della morte li conducono ai mattatoi. Credo per certo che gli animali sappiano che la loro vita si stia per concludere. Strillano disperati quando entrano nei macelli e vedono i loro fratelli e sorelle andare incontro alla fine davanti ai loro occhi: non sono stupidi, sanno che subiranno lo stesso destino. Poiché gli animali continuano a pregare per noi, questo significa che noi dovremmo fare lo stesso per loro. L'essere vegani costituisce la massima forma di protesta contro la loro schiavitù e gli abusi che essi subiscono. Una volta che saremo in grado di provare compassione per tutte le forme di vita, cominceremo ad aprirci alla vera bellezza di questo pianeta. Ciascuno di noi avrà a disposizione cibo fresco e pulito, acqua ed un posto dove dimorare.

Gli esseri umani inizieranno a guadagnarsi di che vivere in modo soddisfacente, non esisteranno più né lavoro minorile, né schiavitù. Le multinazionali ed i governi saranno disposti ad aiutarci, finanziando la coltivazione di prodotti alimentari, piuttosto che l'uccidere per cibo. Quando lavoriamo in armonia gli uni con gli altri e con la terra, riusciamo a tirare fuori il meglio di noi stessi.

Possiamo ottenere tutto questo, se veramente lo vogliamo. Il Giardino dell'Eden è dietro l'angolo: una vastità di frutteti dove regni la concordia reciproca. Gioiamo tutti, fratelli e sorelle — umani e non umani — dell'amore divino che trasuda dalla Madre Terra e che ci riempie di vitalità. Una volta che avremo accettato che siamo tutti interconnessi, troveremo finalmente la pace.

CAPITOLO XVI
FRUTTARIANESIMO: IL GIARDINO DELL'EDEN

Cos'è il fruttarianesimo

La definizione di fruttarianesimo è stata in qualche modo "diluita" negli anni fino ad indicare praticamente tutto. Come il veganesimo non è una dieta, allo stesso modo il fruttarianesimo è uno stile di vita etico e spirituale. Se vogliamo veramente crescere spiritualmente, dobbiamo prendere seriamente in considerazione il fruttarianesimo come vero e proprio modo di vivere.

Se guardiamo bene, il termine fruttarianesimo è costituito dalla parola "frutta". Secondo la mia visione, si tratta di una dieta ed uno stile di vita dove tutte le calorie provengono dalla polpa attorno ai semi del frutto. Anche se cerco di ricavare la maggior parte delle mie calorie dalla frutta, a volte questo non è possibile, a causa del luogo in cui mi trovo, dei prezzi ed altri fattori. Come dico sempre: "Fate del vostro meglio".

Poiché la parola fruttariano è stata usata in modo erroneo nel corso del tempo, Mango Wadzak coniò il termine "Fruttarianesimo dell'Eden, che implica seguire, od aspirare a seguire una dieta fatta al cento per cento di frutta fresca".[1] E'molto più di una dieta, però. E' uno stile di vita, praticato un tempo da Adamo ed Eva nel giardino dell'Eden.

Perché il Fruttarianesimo?

Come messo in evidenza dal libro di Mango Wodzak "Destination Eden (Destinazione Eden)", esiste ora un nuovo modo di raggiungere il Giardino dell'Eden. Al fine di riproporre un tale mondo, abbiamo bisogno di vivere nel modo in cui Adamo ed Eva vissero un tempo, mettendo la frutta al centro delle nostre abitudini alimentary. Questo rappresenta lo stile di vita a minor impatto negativo. Eppure, vi saranno momenti in cui la perfetta armonia non sarà possibile. Potremmo calpestare insetti, o piantare alberi da frutta e nuocere od uccidere piccoli animali durante il procedimento, ma possiamo batterci per causare il minor danno possibile.

La frutta, se mangiata biologica e di produzione locale, rappresenta un modo di vivere di gran lunga più sostenibile ed amorevole, se confrontata con qualsiasi altro alimento, poiché altera al minimo il pianeta ed ogni creatura vivente. Se facciamo questo con amore, replicando il modo in cui vivevamo in natura, col tempo, vivremo nel Giardino dell'Eden. Quest'ultimo è un luogo privo di male, pieno di tranquillità ed amore, dove tutti vivono in armonia gli uni con gli altri. Naturalmente, potrebbero occorrere centinaia od anche migliaia di anni per arrivare a ciò, ma, ciononostante, lottare per un luogo del genere è possibile. Se venisse causato danno nel Giardino dell'Eden, questo sarebbe inevitabile. Tutte le forme evitabili di violenza, come la pesca, gli allevamenti intensivi e la deforestazione, cesserebbero di esistere. Le automobili ed altri mezzi di trasporto verrebbero alimentati a carboidrati ricavati da frutta[2], oli vegetali, acqua ed/o energia solare.

Comparando diversi tipi di cibi, possiamo dire che i prodotti animali, come abbiamo appreso, determinano sofferenze atroci a tutti, ma deve venire sottolineato che anche coltivare cereali ha conseguenze negative per l'ambiente, quasi quanto i derivati animali. I cereali, fra tutti gli alimenti vegetali, rappresentano i generi alimentari più distruttivi per il pianeta, poiché produrli non solo richiede più energia, acqua, e terreno in confronto alla frutta, ma distrugge anche le tane di milioni di animali, portandoli sul punto dell'estinzione.

Secondo il libro "Grain Damage (Il danno dei cereali)" del Dr. Douglas Graham, "Un acro di alberi da frutta potrebbe sfamare 250% più persone di un acro di cereali". Egli aggiunge anche che: "In termini di quantità di raccolto in libbre per acro, i cereali sono il nutrimento vegetale meno produttivo di tutti."[3]

"I cereali[...] a causa della loro natura di monocoltura nociva all'ambiente, e del loro bisogno di venire trattati dopo essere stati raccolti, non dovrebbero mai venire considerati cibo ideale."[4]

Mango Wodzak, Autore di *Destination Eden* (*Destinazione Eden*) presente anche nel film *Pure Fruit* (*Pura Frutta*)

"Destination Eden (Destinazione Eden)" è il primo libro, fra quelli letti, che tratta del carattere etico e spirituale del fruttarianesimo e di come la frutta ci condurrà essenzialmente al Giardino dell'Eden. Possiamo vedere chiaramente che, nella Bibbia, Adamo ed Eva prendono parte al sacro rito di mangiare frutta, nutrendosi solo di essa. La frutta simbolizza amore incondizionato per tutta la natura e le sue creature. Il lupo sedeva accanto all'agnello in pace ed armonia; la concordia regnava sovrana fino a quando la mela non fu mangiata. Dopo quel momento, cominciammo a guardare alle altre piante, ed, in seguito, agli animali, come fonti di cibo. Successivamente, quando iniziammo ad allevare animali, incominciammo a vedere le donne come una proprietà esistente solo per servire gli uomini ed i neri come schiavi asserviti ai bianchi.

Nel Giardino dell'Eden, non esistono pesca, allevamenti intensivi, o distruttive monoculture di cereali. In questo luogo, non vi sono né prodotti petrolchimici, né violenza di ogni sorta, furti, paura, odio nei confronti di nessuno. In questo posto, prosperano amore e compassione per tutti.

Si spendono ore ed ore a preparare e cucinare pietanze, sprecando energia ed una lista infinita di altre cose. La frutta è veloce da mangiare e può darci il tempo di dedicarci ad attività generose. Tutto quello che ci serve sono un coltello ed un cucchiaio ed alcuni tipi di frutta, come mele, pere, banana ed arance, possono venire mangiati molto facilmente senza l'utilizzo di alcun utensile.

In qualità di Homo-sapiens in cerca di frutta, ci imbattemmo in un albero stracolmo di essa, divorandone la sua dolcezza fino a completa sazietà. Questa è la situazione tipica che riesco ad immaginare nel passato: vivevamo in cerca di alberi da frutta, mangiando monopasti fino a quando non eravamo soddisfatti. Non siamo i cacciatori, o i saprofagi che crediamo fossimo. Quest'altro tipo di vita cominciò quando l'abbondanza di questo genere di alimenti iniziò a diminuire. Nessuno sa come mai le scorte di frutta iniziarono a scarseggiare. Potrebbero esserci state inondazioni o tempeste che devastarono le provviste naturali di cibo attorno a noi.

Ora c'è da dire anche che i supermercati possiedono ogni sorta di generi alimentari confezionati e raffinati e bottiglie e lattine che richiedono un grande quantitativo di sostanze petrolchimiche per essere prodotte. Occorrono grandi macchinari, calore ed altro equipaggiamento per trattare ulteriormente questi prodotti, che finiscono per costituire una delle più grandi minacce per la Terra.[5] E dove vanno a finire i materiali da imballaggio? Alcuni di essi vengono riciclati e trasformati in nuova plastica od altri materiali, ma la maggior parte di questi non vengono riciclati e vanno a finire in discariche od oceani. Sorprendentemente, molte confezioni non possono venire riciclate a causa del rischio di contaminazione, il che è devastante.[6]

In India, il bestiame inevitabilmente consuma materie plastiche ed altri detriti, mentre cammina lungo le strade e nelle discariche. Le autopsie hanno trovato libbre di immondizia nello stomaco dei bovini.[7]

Con questo stato di distruzione, come possiamo mai aspettarci di vivere nel Giardino dell'Eden? Anche in qualità di vegani si contribuisce ad un certo livello di sofferenza e danno. Naturalmente, non esiste alcun stile di vita che non rovini, in qualche modo, l'ambiente, ma dobbiamo lottare per minimizzare il nostro impatto. Nel Giardino dell'Eden, non vi sono né risaie, né veggie burgers od alberi di latte di soia. Se vogliamo vivere in pace, dobbiamo tentare di nuocere il meno possibile e la frutta gioca un ruolo vitale in questo. Quando sempre più persone si saranno rese conto di questa funzione chiave giocata dalla frutta, cominceremo a trasformare il nostro mondo nel tanto agognato Giardino dell'Eden.

Un modo migliore di vivere

Esiste un modo migliore di vivere e dobbiamo fare del nostro meglio per raggiungere questa condizione. Non tutti saranno inclini a mangiare solo frutta ad ogni pasto per la loro intera vita, o trasferirsi ai tropici e vivere come nomadi. Anche se i burger di soia e le risaie non sono tanto rispettosi dell'ambiente quanto i frutteti, essi recano molto più rispetto agli animali degli allevamenti intensivi, torturati e macellati per essere mangiati.

Il veganesimo è il principio di una nuova vita, ma non ne rappresenta la conclusione. Una volta che ne abbiamo capito le motivazioni etiche e spirituali, dobbiamo metterlo in pratica nella vita di tutti i giorni ed elevare la nostra coscienza ad un nuovo livello di consapevolezza, includendo più alimenti crudi, fino ad arrivare al fruttarianesimo.

Se pensiamo di non poterci avvicinare al concetto di Giardino dell'Eden, allora va bene così, ma più adegueremo le nostre abitudini alimentari ad esso, più velocemente questa realtà si concretizzerà. Questa è la ragione per cui il programma Freelee's *Raw till 4* è grandioso per coloro che non riescono ad abbandonare interamente le pietanze cotte: anche io tendo a seguirlo quando non riesco assolutamente a trovare frutta di qualità abbastanza buona o non ne ho a sufficienza attorno a me.[8] Ancora una volta, fate del vostro meglio per materializzare l'Eden.

Fate del vostro meglio!

Sono dell'opinione che chiunque possa essere vegano al mondo d'oggi. Non vi sono scuse per continuare ad abusare e torturare la Terra ed uccidere le sue creature innocenti. Spero che i capitoli precedenti abbiano acceso un barlume di consapevolezza sulla disperatissima condizione in cui si trovano gli animali sterminati per la loro carne e gli effetti deleteri che hanno sul nostro mondo. Malgrado non possa forzare nessuno a seguire uno stile di vita vegano, confido nel fatto che, un giorno, vivremo con maggiore armonia in un paradiso simile all'Eden, che vorrei fare in tempo a vedere con i miei occhi.

Se ritenete ancora che debba esserci un modo migliore per allevare animali o pensate che gli animali non umani non contino, questo è perché l'empatia non si è ancora risvegliata in voi. Visitare un macello od un allevamento intensivo rappresenta un passo verso la giusta direzione. Considerate questo: non portiamo i bambini nei macelli, ma piuttosto a raccogliere mele: non è un po' strano? Perché McDonald's non mostra ai propri consumatori da dove provengano veramente gli hamburger?

Una volta abbracciato lo stile di vita vegano, ricordatevi di fare del vostro meglio. Se tutto quello che potete fare è acquistare alimenti prodotti in modo convenzionale o mangiare riso lavorato, allora fatelo, ad ogni costo. Gli animali vi ameranno ancora per questo. In ogni caso, se avete la possibilità di trasferirvi, comprare, o coltivare cibi vegani biologici, o avete la forza di volontà di fare più pasti crudi, allora, fatelo. Non abbiamo assolutamente tempo da perdere.

Possiamo ricreare la pace nel mondo, se solo lo vogliamo. Il Paradiso è qui ed è in tutti noi. Malgrado ciò, abbiamo bisogno di andare oltre l'essere vegani, o mangiare vegetali crudi. Abbiamo il dovere di diffondere il messaggio il più lontano possibile. Anche se le persone ci criticano e ci attribuiscono ogni sorta di appellativo, come estremisti o radicali, dobbiamo rimanere saldi nelle nostre convinzioni. Dite la vostra, parlate al mondo e ripristinate la pace sulla Terra! Vi faccio i miei migliori auguri nell'intraprendere questo vostro percorso.

CAPITOLO XVII
IL PERCORSO VERSO LA COMPASSIONE

Sin dall'infanzia, ho sempre amato gli animali. Nel profondo del cuore, sentivo di volerli proteggere, malgrado facessi l'opposto nutrendomi di loro. Per quanto mi riguarda, il piatto e gli animali erano due cose scollegate. Amavo il mio cane ed il mio gatto, ma mangiavo pollo per cena.

Amavo il pollo, gli hamburger, gli hotdog, il formaggio, le uova ed i frutti di mare: molto semplicemente, ne apprezzavo il sapore. Consciamente, nel mio cuore, sapevo di stare facendo qualcosa di terribilmente sbagliato. Quando ero adolescente, l'inconscio mi spingeva ad ordinare principalmente piatti vegetariani quando andavo a ristorante: il senso di colpa di consumare animali assassinati mi portava a mangiare prevalentemente vegetariano.

Quando andavo ancora a scuola, negli anni 2001/2002, vissi per un breve periodo con mia sorella, che affermava di essere vegetariana. Un giorno, mi affrontò con l'intento di discutere le mie abitudini alimentari ed io, in tutta risposta, le dissi: "Ma mi piace, mi piace! Lasciami in pace!". Mi parlò della crudeltà nei confronti degli animali, ma io mi ostinavo a non ascoltarla: ero chiusissimo all'argomento, avevo i paraocchi e continuavo a mangiare i cibi che così tanto amavo. Da quel momento in poi, ella smise di parlarmi di vegetarianesimo.

Nel 2003, cominciai ad interessarmi ai film di genere documentario. Amavo gli animali selvatici ed il pianeta, così studiai tutto quello che potevo a riguardo e, finalmente, capii che volevo crearne di miei.

Dopo aver guardato film come "State of the Planet" con David Attenborough, sapevo che gli esseri umani stavano distruggendo il pianeta. Pensavo fra me e me: "Come possono i miei simili essere così crudeli e distruttivi?" Fu solo nel 2007, quando vidi lo straordinario film "Sharkwater", che intrapresi il cammino che sto seguendo ancora oggi. "Sharkwater" tratta dell'industria delle pinne di squalo e della distruzione degli oceani per mano umana. Nel 2008, dopo alcuni documentari su allevamenti intensivi e macelli, rinunciai, infine, alla carne, sebbene includessi ancora frutti di mare, formaggio ed uova nella mia dieta. Per qualche motivo particolare, divenni pescetariano per ragioni salutistiche: quei video, nel mio caso, non ebbero un effetto dal punto di vista etico, anche se piantarono un seme destinato a germogliare.

Come ho rinunciato al latte

Da bambino, soffrivo di terribili otiti ed eccesso di muco. Mia madre mi curava con un antico rimedio, olio vegetale caldo nell'orecchio, che mi dava solo un sollievo temporaneo. Oggi, sono convinto che questa sia la causa del mio calo d'udito. In seguito, durante le mie ricerche, ho scoperto che il catarro (o muco) era dovuto in gran parte al consumo di latte e che molti bambini piccoli manifestavano lo stesso problema.[1] Si stima che tre quarti della popolazione mondiale adulta sia intollerante al lattosio, perché lo zucchero principale presente nel latte, il lattosio, non riesce a venire digerito.[2] Mia madre mi raccomandava di passare al latte di soia e, per porre fine alla scocciatura, seguii il suo consiglio. Tuttavia, poiché aveva comprato la varietà non zuccherata, mi coprii la bocca con un tovagliolo e mi rifiutai di bere. Anni dopo, assaggiai altre varietà e sapori di latte vegetale (soia zuccherata, avena, mandorle, etc...) e cambiai abitudini.

Il risveglio spirituale

Un giorno, nella primavera del 2009, mia madre preparò una squisita pasta con una salsa ai gamberetti. Questa cosa stava per cambiare la mia vita per sempre: ebbi un'intossicazione alimentare e dovetti andare all'ospedale. Pensavo di avere contratto l'influenza suina, ma, in realtà, era un caso di estrema intossicazione alimentare dovuta ai gamberetti. Non me lo disse il dottore, ma intuii istintivamente che la causa erano stati i crostacei che avevo mangiato. Mentre mi trovavo disteso nel mio letto d'ospedale, vomitando di tanto in tanto, continuai a chiedermi se dovessimo proprio vivere così. Ero tormentato da così tante domande a cui cercavo di rispondere da anni. Parecchie volte, in vita mia, mi capitava di chiedere a mia madre perché fossimo nati e quale fosse la ragione della nostra esistenza, ma ella non fu mai in grado di darmi una risposta.

Alcune settimane dopo questa tragica esperienza, mi trovavo a guardare fuori dalla finestra, quando, fissando il cielo, fra me e me, mi chiesi: "Se affermo di amare gli animali ed il pianeta, come posso continuare a commettere una tale violenza nutrendomi di loro?". Non ero altro che un ipocrita e sapevo che, se veramente amavo gli animali, l'unico modo per proteggerli era smettere di mangiarli tutti. In un primo momento, ero intimorito dal non sapere quel che sarebbe potuto accadere: non volevo provare queste sensazioni, ma era più forte di me, non potevo trattenerle. Un momento dopo, sentii una forte esuberanza impadronirsi di me: era la cosa più bella che avessi mai provato, come se mi fossi sgravato di un peso. Mi sentivo profondamente legato ad uccelli, alberi, cielo, insetti e l'intero creato.

Quando smisi di mangiare animali, non capivo cosa significasse il termine vegano, anche se lo avevo sentito in bocca ad alcune persone. Consultai il dizionario, ma non mi chiarì le idee. Pensavo che i sostantivi vegetariano e vegano indicassero la stessa cosa, ma approfondendo le mie ricerche, compresi finalmente la filosofia del veganesimo. Ancora oggi, più che mai, continuo ad approfondire ed imparare nuovi aspetti del veganesimo e del veganesimo crudista ed a fare mia la dimensione spirituale di questi stili di vita, così come le implicazioni ambientali e salutistiche ad essi collegate.

Passò un anno prima che smettessi di consumare miele e cominciassi a donare i miei vestiti fabbricati con prodotti animali. Non riuscivo a sopportare di indossare o trangugiare qualsiasi cosa venisse da un animale, o semplicemente il fatto che stessi usando un'altra creatura per i suoi derivati. Mi ci sono voluti anni, ma sono orgoglioso di poter dire che, oggi, ho totalmente escluso dalla mia vita qualsiasi cosa derivi da sofferenza e schiavitù animali: sono orgoglioso di qualcosa che avrei dovuto fare decine e decine di anni fa. Sono fiero di quello che il veganesimo signifíchi, ma, più di qualsiasi cosa, lo sono per non recare danno ad un altra creatura senziente per soddisfare il mio piacere.

Miele

Il miele è una sostanza dal sapore dolce, prodotto dalle api a partire dal nettare dei fiori. Esso viene rigurgitato dal loro stomaco.[3] Potrebbe anche venire definito vomito d'ape rubato. Il miele non è né una pianta, né un loro derivato, e, di conseguenza, non dovrebbe venire considerato vegano. In ogni caso, anche se occasionalmente consumavo miele o prodotti derivati dalle api, sapevo di dipendere ancora dall'uso e sfruttamento di animali. Per me, non era necessario impiegare qualsiasi cosa provenisse o fosse prodotta dalle api. Mi sentivo un ipocrita a non vivere appieno secondo il vero significato del veganesimo, che consiste nel causare il minor danno, per quanto possibile, ad animali e pianeta.

A prescindere dal fatto che sia crudele o meno, le api e gli altri animali non ci offrono i loro prodotti spontaneamente. Questa è la chiave del discorso. In qualità di esseri umani, dobbiamo capire in che cosa consista il vero scopo della nostra esistenza e come lo si possa mettere in atto. Cerchiamo di essere un po' più intuitivi e tentiamo di vivere un'autentica spiritualità: se riceviamo qualcosa dagli altri, è perchè ci è stata data con il loro consenso e gli animali non umani non acconsentono affatto a farci dono dei loro corpi o di quello che producono. Oltretutto, non c'è alcun modo di privare un animale di un suo prodotto senza fargli del male. Ad esempio, quando viene prelevato del miele dalle api (anche nel caso di apicoltori da cortile), molte api lottano per difendere il proprio alveare, pungendo l'uomo od animale invasore e morendo di conseguenza. Quando rubiamo il loro miele, esse si ritrovano senza cibo per sfamarsi, specialmente durante i mesi invernali, per cui gli apicoltori, in genere, lo sostituiscono con acqua zuccherata, priva di sostanze nutritive. Inoltre, dobbiamo finalmente capire, che, se vogliamo veramente prosperare, non dobbiamo consumare niente che provenga da un animale. Pensate solo a questo: se qualcuno ci rubasse il cibo, i nostri bambini, i vestiti, o cos'altro, ci metteremmo a gridare, scapperemmo o tenteremmo di ribellarci; questo è quello che accade ad api ed altri animali.

In qualità di vegano, vedo tutti gli animali come creature viventi al pari di me stesso, ne vedo la voglia di vivere, lontano dalla violenza, in pace ed armonia con il resto del creato. Vedo gli alberi, il suolo, gli insetti, gli uccelli, e tutte le altre forme di vita cooperare in pace le une con le altre. L'idea di persone veramente meravigliose, che coltivano la terra per nutrire un mondo affamato mi fa piangere per la commozione e la gioia. Mi sento molto fortunato per il fatto di poter sperimentare cosa sia la vita su questo magico pianeta che noi chiamiamo casa. Sono consapevole del fatto che, ogniqualvolta faccio un acquisto, mi siedo a mangiare, o festeggio con gli amici, sto contribuendo a rendere questo mondo migliore in vista delle future generazioni e so che nessuno sta soffrendo e muore inutilmente a causa delle mie scelte personali. So che, con ogni mio morso ed ogni mia decisione, mi impegno in prima persona a sfamare un mondo che muore di fame ed a creare posti di lavoro più etici per coloro che vivono in paesi più svantaggiati; seguendo quest'etica di vita, sto ripristinando lo stato iniziale della natura e, promuovendo il veganesimo, aiuto a curare i disturbi di ciascuno, causati da colesterolo e grassi saturi che divorano il nostro cuore.

La mia famiglia *estrema*

"In che genere di società distorta ed indottrinata viviamo, se lo sfruttamento e l'assassinio sono considerati *normali* e la compassione e la violenza sono, invece, ritenute *estreme*?"[4]

Mango Wodzak, Autore di *Destination Eden (Destinazione Eden)* presente anche nel film *Pure Fruit (Pura Frutta)*

Quando diventai vegano, vivevo con mia madre, la quale, in qualche modo, si rendeva conto del perché lo fossi. Aveva guardato alcuni video e letto i miei libri, ma questo non le impediva, ogni tanto, di darmi del fanatico o dell'estremista. Mia sorella ed io litigavamo al telefono a causa del mio stile di vita vegano, da lei considerato estremo. Sosteneva di essere vegetariana, malgrado consumasse ancora frutti di mare, formaggio ed uova. I pesci non sono piante e provano dolore alla stregua degli altri animali.[5] Le scuse apportate da mia sorella non differivano da quelle di chiunque altro nella nostra società. Non riusciva a vedere i pesci come esseri senzienti e dava degli estremisti ai vegani. Al tempo di queste nostre conversazioni, stavo ancora imparando a controbattere queste affermazioni. Quando queste argomentazioni mi venivano proposte da perfetti sconosciuti, riuscivo a discuterle facilmente e con razionalità, cosa che non accadeva quando mi trovavo con familiari o colleghi di lavoro.

Mia sorella metteva sempre le mani davanti, dicendo che *i vegani sono degli estremisti*. Come fanno i vegani ad essere degli estremisti, quando sono gli unici a preoccuparsi profondamente degli animali e della Madre Terra? Siamo gli unici che cercano di fermare la deforestazione di massa, la fame nel mondo, la crudeltà e ripulire l'aria, l'acqua, e la terra. Siamo coloro che tentano di porre fine a guerre, eliminare le malattie ed insegnare agli altri la compassione e l'amore. Facciamo tutto questo nel modo più pacifico ed amorevole possibile. Will Tuttle, PhD, autore di "The World Peace Diet (La dieta della pace nel mondo) asserisce: "Credo che il senso del nostro insegnamento sia veramente quello di diffondere una sensazione di inclusione profonda che abbracci chiunque e non escluda nessuno dalla nostra sfera di compassione."[6] Questo è proprio quello che stiamo cercando di fare: non tagliare fuori nessuno dalla nostra sfera di compassione.

La definizione di amore incondizionato esclude per caso gli animali, la natura, o gli esseri umani che lavorano nei mattatoi? Essere gentile con tutte le forme di vita non è né un'idea fanatica, né estremista e dà quest'impressione solo perché pochissime persone, nella nostra società, vivono in questo modo.

Mia madre e la sua visione quasi vegana

Mia madre ha cominciato a comprendere il veganesimo solo di recente, nel corso degli ultimi anni in cui ho vissuto con lei. Le facevo guardare film come "Earthlings" e "Peaceable Kingdom", ma suppongo che le idee di sua sorella su sani e felici animali da fattoria a conduzione familiare le abbiano creato confusione[7, 8] Infatti, la mamma aveva l'abitudine di guidare in direzione nord e vedeva mucche brucare felicemente l'erba, senza vederci niente di negativo. Forse pensava che il contenuto del filmato clandestino che aveva visto (che veniva dagli US) non potesse avere luogo in Canada: questo è lungi dall'essere vero.

Ogni giorno, la perseguitavo spiegandole il procedimento produttivo negli allevamenti intensivi moderni e mostrandole video sull'argomento e, per un momento, sembrava essere d'accordo. Malgrado ciò, ella finiva sempre per menzionare l'idilliaca condizione animale nelle fattorie a conduzione familiare ed il modo in cui essi venivano trattati. Fu sua sorella a parlarle delle uova fresche di fattoria che aveva comprato e del modo in cui polli e galline venissero lasciati vivere secondo natura. Litigai con lei per mesi, fino a quando non appresi una grande lezione da persone come Will Tuttle, autore di "The World Peace Diet" e dal libro "Peace to all Beings (Pace per tutte le creature)" di Judy Carman.[9, 10] Proprio come questi scrittori, iniziai a vivere dando l'esempio. Pensai fra me e me: "Litigare sistematicamente con i miei familiari su questi argomenti e fare loro la predica non è di giovamento né a me, né agli animali". Fu così che decisi di concentrarmi su individui che fossero abbastanza aperti e disposti ad imparare.

Nel dicembre del 2011, lanciai "The Journey to Compassionate Living (Il percorso verso una vita compassionevole)", il mio primo libro autopubblicato, e lo dedicai a mia madre. Le diedi il libro ed ella si dimostrò molto fiera di me per il risultato raggiunto. Credo fosse senza parole per il fatto che le avessi dedicato il libro. Qualche tempo dopo, ad una festa a cui prendeva parte anche mia madre, un mio amico mi chiese se fosse vegana. Sapendo che ella aveva letto il mio libro, mi ero posto la stessa domanda, ma, per qualche ragione, avevo paura di chiederglielo. Quella notte stessa, qualche ora dopo, glielo domandai e ricevetti questa risposta: "Sono quasi vegana". Fui molto felice di sentirlo. Di recente, mia madre dichiarò di essere "per l'ottanta per cento" vegana ed anche se so che non esiste qualcosa del genere (si è vegani o non lo si è), è comunque un grande traguardo rispetto al passato.

Il problema dell'essere quasi vegani

Ritengo che il problema delle persone che amano definirsi quasi vegane stia nel fatto che, malgrado intuiscano quanta crudeltà vi sia dietro ad allevamenti intensivi e macelli, non sembra che riescano a vedere le implicazioni del consumare prodotti animali o testati su animali. Anche se possono essere per la maggior parte vegani a casa propria, usando surrogati delle uova o latte di soia per panificare, o sostituendo la carne con alternative vegetali, costoro continuano a comperare pane, dolciumi, cosmetici, creme o prodotti per l'igiene contenenti ingredienti animali o derivanti da sperimentazione animale.

Quello che non riescono ad afferrare è che, facendo così, stanno ancora supportando un'imponente quantità di sofferenza animale. Anche se il prodotto contiene un quantitativo ridotto di ingredienti animali, questo equivale ad uno strazio tremendo per le creature coinvolte e la Madre Terra. Nei supermercati e negozi in giro per il mondo, molti articoli contengono uno o più prodotti animali, cosa che determina enorme dolore ad esseri senzienti umani, non umani e pianeta.

Per colpa delle lobby e della terminologia scientifica, la maggior parte delle persone, al giorno d'oggi, non sa cosa stia realmente comperando, anche quando la confezione elenca gli ingredienti. Questo accade a milioni di persone nel mondo. Proprio a causa delle cosiddette normative sull'etichettatura e del fatto che le industrie, per questioni di interessi aziendali, nascondono gli abusi perpetrati ai danni degli animali, anche le autorità tendono a mantenere i consumatori allo scuro di quel che in verità accade. I componenti sono etichettati con termini scientifici ed, in certe circostanze, vengono scritti usando numeri e parole estremamente lunghe e difficili da pronunciare. Alcuni ingredienti vegetali potrebbero essere geneticamente modificati, così da contenere geni di origine animale. Proprio perché non viene richiesto dalle normative sull'etichettatura (almeno, non in Canada), nessuno può sapere cosa si celi dietro a tutto questo.[11]

Credo che il fattore principale che impedisca alle persone di diventare vegane stia nella scocciatura di familiarizzare con tutti gli ingredienti animali. Se vi fossero i volti di una mucca o di un pollo su quei pacchi, o se il prodotto dichiarasse semplicemente cosa vi sia dentro, le persone ci penserebbero due volte. Tuttavia, poiché siamo così abituati al fatto che certi prodotti vengano elegantemente impacchettati e mascherati sotto forma di confezioni di plastica, bottiglie o contenitori, non pensiamo mai alla crudeltà che vi si nasconde dietro. Il siero è conosciuto come "il liquido acquoso che rimane quando il latte si coagula per azione del caglio", l'l-cisteina è "un aminoacido costituente i peli, che può provenire da esseri umani, maiali, o piume d'oca" e tutte le sostanze quali acido stearico, betaina stearilica, imidazolina stearilica, steramide, steramina, ossido di steramina, stearati, idrazide stearico, stearone, stearossitrimetilsilano ed acido stearoil-lattilico derivano da materie grasse provenienti da mucche, pecore, cani e gatti soppressi nei rifugi, o dallo stomaco del maiale, etc...[12] Questi e molti altri composti non vengono mai etichettati con il nome dell'animale da cui derivano, come, ad esempio, olio di balena, ma, piuttosto, in accordo alla terminologia scientifica. Nonostante ciò, nella società odierna, sempre più prodotti classificati come *vegani* sono totalmente privi di sostanze animali: stanno sbucando dovunque, incluse catene di alimentari su scala nazionale, o locale.

Sono molto soddisfatto del modo in cui sono riuscito ad influenzare mia madre nella sua graduale transizione al veganesimo. Anche se non è pienamente vegana, è proprio questo stile di vita *quasi vegano* che, alla fine, condurrà lei ed altri ad intraprendere il cammino verso una più profonda consapevolezza. Sono fermamente convinto che, un giorno, ella diventerà totalmente vegana, così come arriverà il giorno in cui tutto il mondo lo sarà.

Ho fede nell'impossibile, perché niente è veramente impossibile da raggiungere. Le persone credono che non sia possibile rendere il mondo vegano nell'arco della vita di un uomo, così si accontentano di educare il prossimo sugli esigui cambiamenti che ritengono la gente sia in grado di fare. Esse promuovono il benessere di animali torturati e macellati in mattatoi e fattorie a conduzione familiare, etc., lodando questo stile di vita come se non fosse di alcun danno. Penso che questo approccio sia nocivo al movimento in sostegno degli animali, perché trasmette l'errato messaggio che possiamo continuare ad usare, sfruttare ed uccidere gli animali per cibo ed altri scopi.

Mia madre mi chiedeva molte volte perché io guardassi sempre quei video di una crudeltà pazzesca. A quel tempo, non sapevo cosa risponderle, ma l'aver udito Will Tuttle dire, in una sua intervista: "Se gli animali stanno subendo tutto questo, voglio sapere in che cosa consista" mi fece riflettere.

Non è che in realtà mi piaccia guardare video con scene di violenza sugli animali; devo semplicemente sapere cosa stiano patendo gli animali, cosa che mi motiva a fare di più per loro. Sono dell'idea che tutti dovrebbero guardare queste immagini agghiaccianti.

Quando cominceremo a volgere la mente al nostro rapporto con gli animali, riscopriremo il lato migliore dell'umanità. Una volta che inizieremo a considerare il problema e percepire gli animali non come una semplice merce, ma come esseri senzienti col diritto di vivere senza essere assoggettati agli esseri umani, saremo testimoni di una trasformazione in positivo nelle nostre vite e saremo finalmente capaci di aiutare il mondo attorno a noi.

Non penso che potremo mai vivere in pace in questo pianeta come onnivori, anche se allevassimo gli animali in modo diverso. Anche se, teoricamente, sostituissimo gli allevamenti intensivi con piccole fattorie a conduzione familiare, non avrebbe alcun senso; questo non potrebbe essere possibile nella società di oggi, mangiando così vaste quantità di prodotti animali. Infatti, le piccole aziende agricole non riuscirebbero a soddisfare il nostro insaziabile appetito per il cibo di origine animale, perché non saremmo in grado di uccidere lo stesso numero di animali che raggiungiamo oggi, senza, in qualche modo, compromettere gli standard di benessere degli animali. In altre parole, avremmo ancora bisogno di annientare spietatamente gli animali ed, alla fine, esseri innocenti continuerebbero a morire senza motivo.

Mia zia e le sue idee sulle fattorie a conduzione familiare

Mia zia dice che, quando era bambina, la sua famiglia allevava mucche per ricavarne latte. Gran parte del latte veniva dato ai vitelli ed il resto veniva destinato alla sua famiglia. Ella sostiene che dovessero prendere una parte del loro latte perché le mucche ne producevano troppo; questo è incredibile, perché le mucche, come tutti gli altri mammiferi, producono una quantità di latte atta a soddisfare il fabbisogno alimentare del loro cucciolo e di questi soltanto.[13] Dire che le mucche producessero troppo latte è un'assurdità, a meno che la sua famiglia non forzasse questi animali a farne più di quanto previsto in natura. In aggiunta, non dimentichiamo che la madre deve essere resa gravida per produrre latte. Cosa accade ai vitellini subito dopo la nascita? Quasi sempre, anche nelle piccole aziende agricole, il vitellino viene tolto alla madre, ucciso all'istante e mandato al macello per farne carne, o, se il cucciolo è una femmina, destinata, a sua volta, alla produzione di latte.[14] Poiché mia zia, a quel tempo, era molto giovane, e si trattava di molti decenni fa, non poteva ricordare quel che in realtà aveva luogo. I suoi genitori le raccontavano quello a cui ella stessa voleva credere e può continuare a giustificare questa pratica all'infinito, ma, in ogni caso, come Will Tuttle, PhD ha menzionato in un'intervista:

> "I cibi di derivazione animale, a prescindere dall'origine, sono frutto di brutalità — anche se provengono dalla caccia, fra tutte, la manifestazione meno dannosa. Non appena ci mettiamo in condizione di possedere un animale, non appena avvertiamo un senso di proprietà, compiamo un atto di violenza. Possedere un'altro essere vivente è prevaricazione. In effetti, è solo una mera illusione: non possiamo possedere un'altra creatura"[15]

Esiste un breve video di due minuti sul momento della separazione di una madre dal suo vitellino in un piccolo allevamento all'aperto.[16] E' uno dei video più strazianti che io abbia mai visto. La gente mi chiede come faccia il latte ad essere così crudele, dal momento che la mucca non viene uccisa. Il legame fra la madre ed il suo piccolo è così forte che dura ben oltre il raggiungimento dell'età adulta. Tentate semplicemente di immaginare che il vostro bambino vi venga levato. Come potrebbe mai venire commessa un'azione simile? E' la più atroce ed inimmaginabile forma di abuso che possa venire commessa. Mamma mucca piange e muggisce per giorni e giorni, per la perdita del suo cucciolo.[17] E' la cosa più efferata che possa venire perpetrata.

Una volta inclusi tutti gli animali all'interno della nostra sfera di compassione, capiremo presto quale sia il nostro scopo come esseri umani. Il nostro fine non è quello di accumulare beni materiali, ma quello di liberarcene. Non è quello di dominare altre specie, ma quello di amarle e prendercene cura. Non siamo qui per rubare al pianeta Terra, ma per restituirgli quello che esso ci dà.

Un altro aspetto importante che deve essere preso in considerazione, è il fatto che mia zia acquista le uova da una fattoria a conduzione familiare dove si prendono buona cura dei loro animali. Le uova di gallina possono essere considerate l'equivalente del ciclo mestruale negli esseri umani.[18] Mentre è vero che questi allevatori possano prendersi grande cura degli animali, analizziamo più in dettaglio cosa implichi tirare su polli da cortile.

Karen Davis, PhD è l'autrice di numerosi libri fra cui "Prisoned Chickens", Poisoned Eggs: An Inside Look at the Modern Poultry Industry (Polli imprigionati, uova avvelenate: un'analisi della moderna industria del pollame)", "More Than a Meal: The Turkey in History, Myth, Ritual, and Reality (Più di un pasto: il tacchino nella storia, mito, rituale e realtà)" ed "Instead of Chicken, Instead of Turkey: A Poultryless 'Poultry' Potpourri (Invece del pollo, invece del tacchino: un miscuglio di pollame senza pollame)". Ella ha scritto molti articoli sulle conseguenze dell'allevare ed occuparsi di pollame da cortile per ricavarne carne ed uova ed è la fondatrice e presidentessa della United Poultry Concerns (Organizzazione in difesa degli interessi di tutto il pollame), un'organizzazione no profit dedicata al trattamento compassionevole e rispettoso dei galliformi domestici.[19]

Ella continua dicendo:

"Molti allevatori di pollame comperano i loro animali per posta, da incubatrici industriali. Quando li ricevono rimangono sorpresi di quanto questi polli siano malati, senza capire che incubatrice e traversie del transporto hanno indebolito le loro difese immunitarie, predisponedoli a malattie e morte precoce. Le incubatrici che producono pulcini in serie per magazzini di generi alimentari ed allevamenti da cortile trattano gli uccelli ed i loro piccoli nello stesso modo in cui gli allevamenti intensivi di cuccioli di cane trattano le fattrici ed i loro figli. Poiché non sussistono delle leggi che regolamentino queste attività, è molto probabile che le immagini di erba verde, giornate soleggiate e polli felici pubblicate dai fornitori nei loro siti web siano più fittizie che vere.

Similmente, anche la spedizione via area comporta un costo immane per il benessere di questi uccelli. Infatti, queste povere creature, una volta in aereo, vengono private di cibo ed acqua anche per più di 72 ore, esposte a temperature estreme e bruschi sballotamenti nelle loro casse da imballaggio. Gli uccelli che riescono a sopravvivere a questi traumi e privazioni possono rimanere permanentemente debilitati, particolarmente se rimangono costantemente disidratati durante voli lunghi e soste aeroportuali. L'addome di queste galline malate non è in grado di crescere come dovuto, cosa che le porta a non poter deporre abbastanza uova da soddisfare la domanda…E questo non è tutto! Molte persone rimangono sbalordite dallo scoprire che nel pacco da loro ordinato sono stati inclusi dei galli non voluti. Le incubatrici usano i galletti come materiale da imballaggio — li chiamano "imballatori" — per noncuranza del fatto che siano stati richiesti o meno ed anche perché la selezione del sesso del pollame non è condotta correttamente. Alcuni decreti impediscono di tenere galli, così che i compratori sono costretti a trovare una sistemazione ai maschi non desiderati. Poiché è molto difficile trovare loro una buona casa (la maggior parte delle case ne possiede già più di quanti ne riescano a gestire), molti di questi animali, non essendo adottabili, vengono lasciati liberi o scaricati in rifugi dove vengono tipicamente soppressi."[20]

Inoltre, ella continua col dire:

"Tenere animali da fattoria attrae roditori e mosche. Ratti e topi sono attirati dai mangimi e dai giacigli di paglia o trucioli di legno adibiti al riposo od alla riproduzione. Letame, cibo, uova rotte e gocce di latte fungono da calamite per mosche ed anche serpenti. Il solo modo per tenere lontani i roditori e le mosche che normalmente accompagnano pollame e capre è quello di utilizzare sgradite sostanze chimiche o attraverso una pulizia scrupolosa.

Essendomi occupata di un santuario per gallinacei per 25 anni ed avendo familiarizzato con molti problemi di gestione dei polli da cortile di città in giro per il paese, ho appreso che molti loro proprietari non rispettano nemmeno la minima norma igienica. La maggior parte di loro non ha alcuna nozione su come si mantengano degli animali d'allevamento, e, piuttosto, si attengono a condizioni e standard sanitari che in periferia non verrebbero tollerati. L'ignoranza in materia viene alimentata dall'idea che gli animali da cortile richiedano poche cure, cosa che, erroneamente, ha portato la gente a volere tenere polli, capre, ed altri animali da fattoria, pensando di potersi così rifornire di prodotti animali con poco o nessuno sforzo."[21]

Come sottolineato da Karen Davis: "Molti proprietari di polli dei sobborghi comperano i loro animali per posta, da incubatrici industriali."[20]

Dopo qualche anno, le galline vengono uccise in ogni caso, perché la loro produzione di uova declina e non sono più reputate redditizie. Qualsiasi sia la ragione, i piccoli fattori fanno di tutto per convincere i consumatori che i loro animali vivono felici, gironzolando fra l'erbetta, beccando mangime nel loro ambiente naturale. Malgrado questo sia vero, quello che non dichiarano è la raccapricciante storia che si cela dietro tutto questo. Non importa che gli animali siano liberi di scorazzare nel cortile, biologici, o "macellati umanamente": essi vengono comunque spietatamente uccisi, molto prima del loro naturale spegnimento. Come affermato dal Supremo Maestro Ching Hai:

> "La maggior parte delle uova prodotte commercialmente non sono fecondate. L'uovo rimane sterile perché sono venute a mancare le appropriate circostanze per la sua fecondazione, così che esso non può completare la sua naturale trasformazione in pollo. Anche se questo processo non è accaduto, esso racchiude ancora in sè la forza vitale innata necessaria al suo sviluppo. Sappiamo che le uova hanno questo potenziale di vita innato; altrimenti, perché esse sono gli unici tipi di cellule ad essere resi fecondi?"[22]

Un problema che si pone quando alleviamo animali per usufruire dei loro prodotti, come latte e uova, è che sviluppiamo una dipendenza da cibi a loro destinati. In questo modo, rubiamo prodotti intesi per loro od i loro cuccioli, cosa che, per effetto boomerang, si ripercuote su noi stessi, che finiamo così per rubare ad altri esseri umani. Possiamo non crederci, perché, come umani, abbiamo perso la capacità di fare collegamenti fondamentali, cosa che ci porta a non vedere l'interconnessione fra noi, gli animali e la Terra.

Il viaggio di cui sono stato testimone

Arrivò il momento in cui il camion si trovò di fronte a me. Quando questo si avvicinò, sentii un nodo alla gola. Molti volti, che mai dimenticherò, stavano guardando fuori dai fori di ventilazione: maiali, innocenti e terrorizzati, stavano sbavando, fittamente stipati, alcuni persino l'uno sopra l'altro, disidratati, con i corpi ricoperti di graffi ed ematomi. Mancavano pochi istanti all'arrivo del camion al macello e fu il più straziante momento della mia vita.

Mentre immortalavo le loro espressioni con la mia macchina fotografica, qualcosa catturò la mia attenzione; era un maiale in particolare. Potevo vedere la sua solititudine, la sofferenza e la tristezza nei suoi occhi. Qualcosa, in quell'istante, cambiò la mia vita per sempre. Il dolore che questa creatura stava provando era lo stesso che io stavo provando. Quando la guardai negli occhi, mi strillò: "Perché ci stai facendo questo?" Abbassai la macchina fotografica e copiose lacrime mi sgorgarono dagli occhi: non riuscivo a capire perché, ma mi vergognavo così tanto per aver appoggiato quell'oltraggiosa sofferenza ed il consumo di prodotti animali per i miei primi ventisei anni di vita. Gurdando negli occhi quell'animale innocente, imparai un'importante lezione da lei: dovevo proteggerli e fare più di quanto avessi già fatto.

Quando il camion andò via, mi resi conto di quale fosse il mio scopo. Promisi così a quei maiali che avrei dedicato la mia vita a risvegliare la coscienza delle persone sul tema dell'interconnessione della vita, che non è altro che l'amore incondizionato per tutte le creature, cioè essere vegani. Come Leo Tolstoy disse:

> "Finché vi saranno macelli, vi saranno campi di battaglia."[23]

Non è possibile portare la pace sulla Terra, segregando ed uccidendo animali. In qualità di esseri intelligenti, dobbiamo chiederci: "Vogliamo veramente essere liberi?" Che genere di pianeta vogliamo lasciare ai nostri figli ed alle future generazioni? Vogliamo creare un mondo di violenza od un mondo di pace, dove regni l'abbondanza per chiunque, dove vi siano acqua pulita, cibo pulito ed aria pulita? Vogliamo porre fine alle guerre ed alla fame nel mondo?

Se la risposta è sì, allora l'unica soluzione logica è quella di adottare uno stile di vita vegano che rechi beneficio al pianeta, agli esseri umani ed agli animali. Se veramente vogliamo sopravvivere su questo pianeta, col tempo, dovremo attuare un cambiamento di massa. Come Will Tuttle PhD, autore del libro *The World Peace Diet,* disse:

"Non credo che quel momento sia così lontano, sono dell'opinione che sia inevitabile che ci sveglieremo, che questa violenza verso gli animali che, come un boomerang, si ripercuote su di noi, sotto forma di barbarie, malattie, senso di apatia e schiavitù, sarà completamente stravolta."

Per i primi ventisei anni della mia vita, non mi preoccupai di connettere lo sfruttamento, la sofferenza e l'assassinio di animali al cibo che avevo sul piatto, ai vestiti che indossavo ed al loro impiego nella sperimentazione scientifica e nell'intrattenimento. In qualità di esseri umani dotati di intelligenza, il nostro fine è quello di occuparci gli uni degli altri con amore, gentilezza e comprensione. Dobbiamo mettere gli altri prima di noi, cosa che io stesso devo fare. Come Mahatma Gandhi, una volta, disse:

"Devo ridurmi a zero e pormi per ultimo fra le creature mie compagne."[24]

Quando penso ai primi ventisei anni della mia vita, mi rendo conto che stavo semplicemente vivendo nella menzogna. Ero stato programmato per vivere nella nostra società, pensando che mangiare animali ed i loro prodotti fosse naturale, normale e necessario: erano stati i miei genitori, i miei insegnanti e l'influenza della cultura in cui ero immerso a trasmettermelo. Non lo avevo mai messo in discussione. Ci viene inculcato fin dall'infanzia e, dopo decenni trascorsi a mangiare in questo modo, crediamo che questo sia totalmente normale. Chiunque vada contro lo status quo è considerato un estremista od un fanatico.

Amare un altro essere non è estremo, ma altruistico. Quando amiamo, non uccidiamo e percepiamo il privare qualcuno della propria vita come moralmente sbagliato. Quando amiamo, riconosciamo tutti come nostri pari e siamo capaci di vedere noi stessi negli altri. Questo è il massimo a cui possiamo aspirare come esseri umani.

CAPITOLO XVIII
I MIEI PRIMI ANNI DI VITA

Compagni animali

Da bambino, crebbi circondato da animali da compagnia: cani, gatti, un criceto, un coniglio, uccelli e pesci. Da quel che ricordo, sono sempre stato un amante degli animali, sebbene ne consumassi le carni ed i prodotti quantunque me se ne presentasse l'occasione, senza pormi alcuna domanda a riguardo. Il mio comportamento era in antitesi con il mio amore per loro. Tuttavia, fino alla fine dei miei anni adolescenziali, mi trasformai in un sadico, senza avere idea di cosa stessi in realtà facendo, ma sapendo, nel profondo, di stare commettendo qualcosa di sbagliato. Abusavo dei miei compagni animali ogniqualvolta ne avevo l'occasione: se non mi ascoltavano, li prendevo a calci, schiaffi, pugni e li gettavo sul duro pavimento di cemento. Questo continuava per diversi minuti, per anni. Provavo un brivido di piacere, tutte le volte che li picchiavo: la stessa esilarante eccitazione che gli operai dei macelli provano stando a contatto con gli animali. I miei amici pelosi finirono per essere terrorizzati da me, in particolar modo, il mio cane: essi avevano smesso di ascoltare i miei ordini e, persino, di guardarmi. Ogni volta che mi avvicinavo a loro anche solo un po', questi si allontanavano impauriti: potevo vedere il terrore nei loro occhi e questo mi faceva stare male dentro. Sapevo di avere bisogno d'aiuto, ma avevo paura di affrontare l'argomento con chiunque.

Dopo questi anni terribili della mia vita ed essere stato così spietato verso gli animali, mi resi conto di non volere vivere più così. Sapevo di volere smettere di abusare degli animali, ma non ci riuscivo. Era una malattia ed avevo bisogno di aiuto: durante tutto questo tempo, a livello inconscio, sentivo che quello che stavo facendo andava contro tutto quello in cui avevo sempre creduto. Cominciai ad ordinare più pasti vegetariani a ristorante, ma la mia dipendenza dai derivati animali era anche più forte a casa. Verso la mia tarda adolescenza, fui finalmente stufo di queste mie prevaricazioni su quelle creaturine: non volevo più essere il mostro che ero stato, così giurai a me stesso che non avrei mai più posseduto un animale in vita mia. Uno dei miei ultimi animali era un American Eskimo, un cane bianco da slitta: subì talmente tanti abusi a livello fisico e psicologico, che prese a defecare per tutta la casa, per cui non fummo più in grado di occuparci di lui.

Ancora oggi, il solo pensare ai miei adorati amici ed a quello che ho fatto loro mi fa scoppiare a piangere: non potrò mai dimenticare la vista del mio American Eskimo e degli abusi perpetrati ai danni dei miei pelosi. Mentre scrivo questa storia, più di un decennio più tardi, lacrime colano lungo il mio volto. Come posso essermi mai comportato così?

Ed ancora, sebbene mi sentissi male per i motivi suddetti, continuavo a mangiare alimenti di origine animale, senza rendermi conto del danno che stavo causando. Alla stregua di cani e gatti, gli animali d'allevamento soffrono e provano dolore. Nella mia mente, non avevo ancora fatto questo collegamento, ma, più tardi, le cose cambiarono.

Nel 2008, quando divenni pescetariano, dopo aver visto il documentario "Sharkwater" e video clandestini su mattatoi ed allevamenti intensivi, lo feci per motivi salutistici, poiché la mia forte assuefazione alla carne mi impediva di diventare vegano per motivi etici.

La prima volta che udii il termine vegan fu da adolescente, nel film "Shirley Valentine". Senza rendermene conto, questo piantò un seme in me a livello inconscio. Nel 2009, quando cominciai a fare volontariato per gli animali, dovetti ancora una volta confrontarmi col veganesimo. In quel periodo, pur sostenendo di essere vegetariano, mangiavo ancora occasionalmente gamberi, formaggio ed uova.

Il circo

Il circo rappresenta un'altra parte della mia vita, che cominciai a vedere sotto un'ottica negativa man mano che crescevo e diventavo sempre più sensibile alla difficile situazione animale. Ogni bambino cresce amando gli animali: da piccoli, possediamo animali di pelouche, libri su di loro e li vediamo negli zoo. Purtroppo, con l'andare del tempo, tendiamo a preferire l'intrattenimento personale a scapito del nostro amore per loro. Rammento un giorno in cui andai al circo, ma, essendo bimbo, quei ridicoli trucchi ed acrobazie che venivano insegnati agli animali non mi diedero assolutamente fastidio: non me ne preoccupavo affatto e non nutrivo il minimo senso di colpa a riguardo. Quel giorno mi scattarono una foto assieme ad un orso ed io ne fui assai orgoglioso. Nonostante ciò, anni dopo, dopo aver riguardato quella fotografia, mi resi conto che imporre il proprio dominio su un'altra creatura senziente era ed è un atto terribile. L'orso aveva una museruola e stava seduto su una sedia, vicino a me: nessun orso, in natura, si comporterebbe così, devono subire abusi dopo abusi per farlo. Così, chiesi a mia madre: "Come diamine possono gli esseri umani fare questo agli animali?", ed ancora una volta, la risposta che ella mi diede fu: "Non lo so".

Lo zoo

Sono stato molte volte allo zoo, ma non riesco a sgombrare la mente dal ricordo di un gorilla in particolare. Ho visto spesso animali, rinchiusi in piccole gabbie e recinti, camminare su pavimenti di cemento. Viene loro negato l'habitat naturale in cui vivere. Mentre alcune cose, nei loro recinti, erano esattamente come le troveresti in natura, queste recinzioni vengono erette da umani allo scopo di rientrare nel budget dei proprietari dello zoo e degli investitori, non nell'interesse degli stessi animali. La maggior parte di queste creature necessitano di centinaia o anche migliaia di acri in cui gironzolare. Gli zoo non sono altro che un'altra espressione dell'assoggettamento non umano alla nostra specie.

Mi ero messo a fissare l'esposizione di gorilla, quando uno di loro vomitò e poi rimangiò il proprio rigurgito. Molti anni dopo, scoprii che questo è un comportamento neurologico causato dalla reclusione in un ambiente innaturale.[1] Tutti gli animali, umani e non, esibiscono il medesimo comportamento quando sono costretti a vivere in una gabbia: camminano avanti ed indietro, o girano incessantemente.

Gli zoo sono delle istituzioni veramente educative? No. Rinchiudere animali in gabbie o piccoli recinti di cemento, non fa bene né a loro né a noi. Questi sventurati esseri dormono su pavimenti di cemento, avendo a disposizione un ristrettissimo spazio in cui muoversi e seguendo una dieta per loro innaturale. [2] Non vivono secondo natura.

E' stato provato che gli animali da zoo vivono meno dei loro antenati selvatici e la maggior parte degli zoo non fornisce abbastanza informazioni per educare il pubblico a riguardo.[2, 3] Amo definire questi luoghi carceri per animali, comparabili a quelli umani. Si vedono bambini ed adulti recarsi in questi luoghi e ridere, ridicolizzare e trattare gli animali come vera e propria spazzatura, invece di imparare. Questo non è né educativo, né intelligente da parte nostra.

Penso che, nella cultura in cui siamo immersi, non venga mai messo in discussione quello che ci viene insegnato: le cose sono così e basta. Mia madre, come del resto tutti noi, era stata indottrinata dai suoi genitori ed insegnanti esattamente su quello che reputavano ella dovesse sapere. Da decenni, siamo vittime del medesimo lavaggio del cervello.

Fin dall'infanzia, mi era stato insegnato che questo era normale. Mia madre, innocente come tutti noi, crebbe con la convinzione che questo fosse il modo in cui dovessimo vivere, trasmettendolo, a sua volta, a me. Ci viene inculcato il concetto che quello che la TV trasmette sia reale, quello che compriamo al supermercato sia salutare, che i consigli del dottore possano preservarci dalle malattie e quello che propagandano i nostri governi sia autentico. Questo è ben lungi dall'essere vero. Finché non cominceremo a contestare quello che la nostra società ci ha instillato, non riusciremo a sbrogliare la matassa che noi stessi abbiamo arruffato. Dobbiamo ridiscutere i nostri sistemi scolastici e sanitari, i governi, le leggi, il nostro cibo e l'acqua pubblica: in altre parole, tutto. Finché non lo faremo, non riusciremo mai a vivere in una società armoniosa ed amorevole.

Mettere tutto in discussione

Durante la mia adolescenza e prima giovinezza, mettevo tutto in dubbio. Mi chiedevo se questo fosse il modo in cui si supponesse che vivessimo. Non capivo come mai vi fosse così tanta violenza attorno a noi, perché stessimo distruggendo l'ambiente e mancassimo di rispetto agli animali. Cominciai a meditare in qualità di giovane adulto, tentando di capire. Guardai documentari e feci ricerche personali su internet, ma proprio non fui in grado di capire. Eppure, tornavo sempre a fissare la foto dell'orso con la museruola accanto a me in quel circo e mi chiedevo come fosse solo possibile che qualcuno commettesse una tale atrocità ad una creatura innocente. Il colmo era che, mentre facevo ciò, consumavo prodotti animali senza preoccuparmene minimamente. Non comprendevo di essere io stesso il problema e di dover cambiare le mie abitudini.

Nel 2009, quando ebbi la rivelazione, andavo a guardare la foto dell'orso e mi chiedevo: "Come abbiamo mai potuto arrivare a questo punto?". Piangendo, mi resi conto di dovere essere io la soluzione. Sapevo che, per sopravvivere su questa Terra, dovevamo smettere di mangiare e sfruttare gli animali: questo era l'unico modo di salvare l'umanità. Finalmente, tutto era chiaro: il veganesimo era l'unica soluzione. Dovevamo semplicemente piantarla di uccidere ed usare gli animali.

Come avrei potuto divulgare questo messaggio? Tutti adoravano pancetta, uova e cheeseburgers. Come avrebbero mai potuto ascoltarmi? E poi, ebbi l'illuminazione: mentre guardavo la fotografia, ebbi la consapevolezza che l'Universo aveva bisogno di me. Si trattò di una vera e propria rivelazione: avevo davanti a me una vita lunga che avrei trascorso ad aiutare gli animali ed il pianeta. Non potevo crederci: era la sensazione più bella che avessi mai provato, mi era stato finalmente dato un dono, avevo trovato lo scopo della mia vita! Tutto questo accadde la prima volta che mi risvegliai da quel torpore: l'intera esperienza mi diede la pelle d'oca, ed un'immensa gioia.

Qualche settimana dopo, cominciai ad organizzare dimostrazioni a cui solo io e mia madre prendemmo parte. Alla fine, per una ragione o per un'altra, entrai in uno stato di depressione per un paio di anni, poiché sapevo che non potevo cambiare le cose da un giorno all'altro, fino a quando cambiai attitudine. Ad oggi, sono assai grato e soddisfatto della mia vita.

Nel 2011, quando presi a fare volontariato presso organizzazioni di attivisti di base ed essere portavoce della triste condizione degli animali trasportati dai camion nei macelli, avevo coscienza di dover fare di più per loro. Anche se cominciai a scrivere questo libro nel 2010, sin da quando avevo iniziato a prendermi a cuore la causa animale, ero consapevole che si trattasse di uno stato di emergenza e dovessi impegnarmi ancora di più. Alla fine del 2012, lasciai il mio lavoro diurno per dedicarmi a tempo pieno al mio libro ed, a partire dal 2013, al mio film documentario.

Dico sempre alla gente di mettere in dubbio tutto quello che ci è stato insegnato. Quando finalmente riusciremo a fare questo, saremo capaci di aprire il nostro cuore a tutta la sofferenza che ci circonda ed a rendere questo mondo un luogo migliore, dove saremo testimoni di dolore, negatività, quanto di positività e bellezza. Se vogliamo vivere nel Giardino dell'Eden, dobbiamo esserne noi stessi i fondatori. Come possiamo, però, creare un mondo di pace, quando le nostre menti sono offuscate da erronei precetti d'infanzia?

I sistemi scolastici di tutto il mondo ci insegnano solo quello che vogliono che noi impariamo. La propaganda e la pubblicità, provenienti da società che sfruttano gli animali o producono sostanze chimiche, ci rendono ancora più difficile abbattere questo muro di ignoranza. E' ora di svegliarci e guardare in faccia la realtà delle cose.

A dirla tutta, esistono alternative ai sistemi educativi odierni. L'istruzione scolastica a casa è una buona scelta ed un ottimo sostitutivo della moderna scuola pubblica.[4] Un'altra opzione è quella di tagliare i ponti con la nostra vita di tutti i giorni e vivere come nomadi a diretto contatto con la natura. Naturalmente, la maggior parte di noi non si staccherà mai dalla società odierna per perseguire un nuovo rapporto con la natura. Tuttavia, gradualmente, giorno dopo giorno, possiamo riprogrammare noi stessi e depurarci dal velenoso materialismo delle nostre vite.

Demolendo le fondamenta su cui si basa la nostra società, andiamo contro corrente. In realtà, non stiamo combattendo od andando contro nessuno, ma, piuttosto, stiamo solo cercando di condividere con gli altri il nostro messaggio d'amore incondizionato per tutte le creature. Solo capendo che il nostro movimento è fatto di pace, amore e cura per gli altri, smetteremo di vedere negatività o sofferenza attorno a noi.

In effetti, non vi è alcuna opposizione [ossia contro i TRISTI capitalisti consumatori di animali], vi è solo una dissonanza cognitiva ed apatia da parte loro. Una volta che saremo in grado di amare il nostro prossimo, la negatività e l'odio cominceranno a crollare. In qualità di vegani, non possiamo odiare nessuno. Non c'è odio, violenza o pregiudizio contro nessuno, neanche contro chi lavora nei macelli, gli amministratori delegati delle società multinazionali, i sistemi politici, od i governi. Perché? Perché la definizione di amore incondizionato significa solo questo: "affetto senza limiti" o "amore senza condizioni".[5] Proprio per questo, dobbiamo amare il prossimo, a prescindere dalle circostanze. Dobbiamo amare anche il nostro peggiore nemico. Amore incondizionato non vuol dire odiare chi va contro i nostri principi, ma, piuttosto, amarlo quanto noi stessi.

Essere costruttivamente critici verso tutto quello che la nostra società ci ha inculcato rappresenta il primo passo nella giusta direzione. Una volta che avremo toccato con mano tutto lo strazio che ci circonda, potremo iniziare a fare qualcosa per farlo terminare. Una volta che avremo cessato di percepire gli animali come oggetti e cominceremo ad istruire gli altri sul veganesimo, la nostra vita sarà straordinaria.

Ora capisco quanto il fatto che avessi abusato dei miei animali fosse direttamente legato al fatto che li mangiassi. Quando consumiamo i loro corpi e secrezioni, incorporiamo il loro dolore, le prevaricazioni e le torture di cui sono vittime, la loro noia, la loro depressione, la loro morte etc. Esiste una correlazione diretta fra le violenze sopportate dagli animali d'allevamento e gli abusi domestici nei confronti dei propri animali da compagnia, o dei propri familiari.

Gli animali hanno sofferto in modo atroce sotto il giogo dell'uomo: non è forse giunta l'ora che il loro diritto di vivere secondo natura ed in piena libertà venga finalmente rispettato?

CAPITOLO XIX
ALTRE COMPLICAZIONI

Tabacco

Il fumo (specialmente di sigaretta) è praticato da circa 1.22 miliardi di persone al mondo.[1] Esso causa tumore ai polmoni, all'esofago, ai reni, alla vescica, bronchite, enfisema, malattie cardiache, ictus ed impotenza.[2] Ci sono 599 additivi in una comune marca di sigaretta e più di 7000 composti chimici prodotti dalla combustione delle sigarette, di cui 250 velenosi.[3]

Farmaci

I medicinali ed il cibo di origine animale vanno di pari passo. Mangiando derivati animali, avremo bisogno di farmaci. Gli animali d'allevamento intensivo vengono imbottiti di antibiotici e medicine, proprio perché vengono costretti a vivere in spazi angusti in condizioni schifose. Il loro sistema respiratorio collassa, perché non riesce a far fronte alla difficile situazione, il loro organismo cede pian piano, mentre occhi, pelle e polmoni si deteriorano. Mangiare i loro prodotti porta il nostro corpo a sviluppare sintomi simili, che cerchiamo di curare con antibiotici ed altri farmaci.[4]

Seguendo una dieta sana fatta di frutta e verdura, abbinata ad esercizio fisico quotidiano, adeguate ore di sonno ed idratazione (tutti fattori fondamentali per il buon funzionamento del nostro organismo), non ci dovrebbe essere bisogno di farmaci, neppure di paracetamolo.

Alcolici

Un bicchiere di vino rosso viene decantato per le sue naturali proprietà contro le malattie cardiache, ma questo è dovuto solo alla presenza dell'uva da cui esso è ricavato. Frutta, verdura, cereali e legumi vi sazieranno senza effetti collaterali. Secondo la Supreme

Master Television, gli alcolici tolgono la vita a 1.8 milioni di persone ogni anno in tutto il mondo.[5] Anche se in piccole quantità, consumati per decenni, gli alcolici, possono aumentare il rischio di alcuni tipi di cancro, malattie epatiche e cardiovascolari.[6, 7] Possono anche comportare danni al cervello (amnesia, demenza e rimpicciolimento del cervello) ed insufficienze cardiache, epatiche, renali, gastriche, al pancreas ed agli occhi. Essi sono anche la causa di una moltitudine di difetti alla nascita, come ritardo mentale, Sindrome Alcolica Fetale, rachitismo, malformazioni facciali, Sindrome della morte improvvisa del lattante ed aborto spontaneo.[8]

Secondo Neal Barnard, dottore in Medicina, MD, dal suo libro "Breaking the Food Seduction (Interrompere la Seduzione del Cibo)", anche un solo bicchiere d'alcol aumenta il rischio di cancro alla mammella ed al colon. Anche gli effetti a breve termine sono molto negativi ed includono intossicazione e disidratazione.[8] Un consumo basso o medio di alcol (come un bicchiere di vino al giorno) può avere benefici per la salute di carattere minore, ma di gran lunga meno importanti dei danni recati.

Caffeina

Il caffé decaffeinato include comunque della caffeina.[9] Svariate bevande analcoliche, bevande energetiche, alimenti e medicinali contengono caffeina.[10, 11] La maggior parte del tè ha della caffeina, ad eccezione degli infusi.[12] La caffeina è una sostanza naturale che si trova nelle foglie, nei semi, e nei frutti di alcune piante. Alcuni studi sugeriscono che un'assunzione moderata di caffeina sia nociva, mentre altri non lo hanno rilevato. La caffeina può provocare spossatezza, nervosismo, irritabilità, insonnia, sbalzi d'umore ed anche ulcere gastriche e palpitazioni cardiache.[13-15]

Si sente di solito il bisogno di caffeina quando le ghiadole surrenali non funzionano più come dovrebbero. Questo è dovuto ad uno o più dei seguenti motivi: dieta squilibrata, con carenza di frutta fresca e verdura, disidratazione, insufficienti ore di sonno, mancanza di esercizio fisico, od una combinazione di essi.

Cacao

Il cacao viene ricavato dalla fermentazione di una fava proveniente dall'albero di Theobroma cacao, detto, semplicemente, albero del cacao.[16] Io stesso avevo l'abitudine di consumare l'equivalente, come minimo, di $50 CAD di cioccolato al latte ogni settimana. Mangiavo talmente tanto cioccolato da vomitare: ne ero dipendente. Questo è esattamente quello che fa il cioccolato: creare dipendenza. Pochi sono capaci di non abusarne: dobbiamo mangiarne a iosa per sentirci sazi. Infatti, gran parte delle persone che non seguono una dieta sana, fatta pricipalmente di frutta e verdura, tendono a compensare assumendo quotidianamente prodotti ricchi in caffeina, quali caffé o cioccolato. Secondo Jeremy Saffron, una delle prime persone a promuovere il cacao, questo ha dei benefici trascurabili per la salute, proprio come gli alcolici."[17]

La fava di cacao, le foglie di té, la noce di cola, le bacche di guaranà, le bacche di ilex (ilex guayusa ed ilex paraguariensis) contengono teobromina, che è una neurotossina.[18] Se assunto in piccole quantità, il cioccolato non ha nessun effetto collaterale, ma in grandi dosi e col tempo, può causare avvelenamento da teobromina, con conseguenti danni al fegato, ai reni ed alle ghiandole surrenali. Questo alimento può determinare anche cambiamenti d'umore e, crudo o cotto, può essere carcinogeno. E' risaputo che esso causa il cancro negli animali, specialmente nei cani, che muoiono dopo averlo ingerito. Un'alternativa al cacao è il carrube, che non crea nessuna delle complicazioni del cacao, perché non contiene praticamente teobromina (un tenor medio di teobromina di 0.000–0.504, contro 20.3 del cacao).[19-21]

Nella Costa d'Avorio, il più grande produttore di cacao al mondo, fino a 200.000 bambini vengono sfruttati come schiavi nella fase di produzione di questo alimento: fra essi, 12.000 sono stati rapiti dalle loro famiglie ed impiegati con la forza. Lavorano fino a dodici ore al giorno, vengono picchiati, in continuo contatto con pesticidi, senza la minima protezione. Più del sessanta per cento di loro è sotto i quattordici anni ed il quaranta per cento è costituito da bambine.[22-24]

Il documentario "The Dark Side of Chocolate (Il Lato Oscuro del Cioccolato)" esamina a fondo questo problema.[25]

Fabbriche sfruttatrici (Sweatshops)

Sweatshop è un termine usato per descrivere fabbriche dove i diritti dei lavoratori vengono violati. Queste persone lavorano moltissime ore al giorno, percependo un esiguo salario e venendo costantemente picchiati: hanno pochissimi se non nulli diritti. Molti di loro sono donne e bambini, alcuni dei quali sono stati sottratti o venduti dalle loro famiglie. [26, 27]

La schiavitù, negli Stati Uniti, è stata abolita sotto il Tredicesimo Emendamento, dalla Costituzione statunitense, nel Dicembre del 1865.[28] Malgrado ciò, anche al giorno d'oggi, varie organizzazioni stimano che esistano da venti a trentasei milioni di schiavi al giorno.[29]

Non fu che nel 1893 che alle donne fu conferito il diritto di votare in Nuova Zelanda e, nel 1902 in Australia.[30, 31] Solo dopo la Prima Guerra Mondiale, il diritto di voto fu esteso alle donne negli USA, in Canada e Gran Bretagna.[32-34] Nel 1929, in Canada, i cinque Lord del Comitato deliberarono, all'unanimità, che la parola "persone", nella Sezione 24, include sia appartenenti del sesso maschile, sia di quello femminile. Essi definirono la precedente interpretazione "un relitto di giorni più incivili dei nostri."[35]

La morale della favola

Quando dipendiamo da bevande energizzanti, medicinali, tabacco, cioccolato, od anche caffé o tè, significa che non stiamo mangiando in modo sano, dormendo abbastanza, facendo adeguato esercizio fisico, o idratando il nostro organismo a sufficienza. Non esiste un singolo animale che consumi questi prodotti e, conseguentemente, neanche noi dovremmo farlo. Anche se essi possono giovare alla salute in modo blando, gli effetti negativi sono sempre molti di più.

Tutti noi possiamo scegliere di seguire uno stile di vita più compassionevole e creare un mondo dove tutti gli esseri umani siano liberi dalla schiavitù e guadagnino in modo da vivere dignitosamente. Possiamo fare sì che questo si realizzi scegliendo cosa comprare. Comprando prodotti equosolidali, quali, caffé, banane, o cacao, dimostriamo di avere a cuore queste tematiche. In una società dove le multinazionali la fanno da padrone, è duro essere totalmente etici. Tuttavia, comprendendo il valore etico degli articoli fair-trade (equosolidali), capiremo anche che possiamo vivere in un mondo privo di schiavitù umana.

CAPITOLO XX
STORIE DI COMPASSIONE

Storia di un biologo verso il veganismo
Di Jonathan Balcombe, PhD
Storia usata col permesso dei Dr. Mary Clifton e Jonathan Balcombe

Jonathan Balcombe, PhD, è il Direttore del Dipartimento di Studi sugli Animali con la Humane Society University. E' l'autore di "Pleasurable Kingdom: Animals and the Nature of Feeling Good (Un regno di gradevolezza: gli animali e l'origine del sentirsi bene)", "Second Nature: The Inner Lives of Animals (Seconda natura: la vita interiore degli animali)" e "The Exultant Ark: A Pictorial Tour of Animal Pleasure (l'Arca in festa: un tour illustrato del piacere animale)". E' vegano dal 1989.

Ho sempre pensato di essere un vegetariano in attesa di diventarlo. Mia madre cominciò a darmi la carne che avevo cinque anni. Per questo motivo, la mia decisione di "darmi alle carote", che feci a ventiquattro anni, potrebbe venire descritta come "rinato vegetariano", come uno dei miei mentori fece notare con tono derisorio. Da quanto ricordo della mia primissima infanzia, ho sempre nutrito un'ardente curiosità per quanto riguarda gli animali e mi sono sempre preoccupato molto del loro benessere. Le mie prime ambizioni, a quattro anni, erano quelle di diventare un postino od un ippopotamo. La fonte di ispirazione per la seconda fu Nada il Giglio, un ippopotamo, così amorevolmente soprannominato, che guardavo ammirato quando visitavo lo Zoo di Londra con la mia famiglia. Ella aveva l'abitudine di spalancare la sua enorme bocca per ricevere un intero cavolo dal guardiano. Masticando rumorosamente, Nada riduceva l'ortaggio ad una poltiglia, mentre rivoli di succo di cavolo scorrevano attraverso canali rosa, prima di defluire nella sua gola. Nei primi anni sessanta esistevano meno restrizioni sul dare da mangiare agli animali e Nada era solita accettare le varie ghiottonerie che il pubblico le lanciava da sopra la testa. Ricordo un pezzo di popcorn, buttatole da un passante insolitamente ottimista, perdersi senza speranza nel complesso paessaggio costituito dalla cavità orale di Nada. Con la consapevolezza che possiedo oggi per quanto riguarda la condizione di imprigionamento degli animali negli zoo, avrei cambiato idea sull'essere un ippopotamo. Quel popcorn doveva essere l'unica cosa in grado di rischiarare la grigia giornata di Nada.

Il motivo che mi portò a cominciare a mangiare animali ed a smettere di farlo, furono, in ambo i casi, i viaggi oltremare. Quando avevo tre anni, i miei avventurosi genitori decisero di trasferirsi all'altro capo del mondo, dall'Inghilterra alla Nuova Zelanda. Con oltre una dozzina di pecore per ogni umano, la Nuova Zelanda deteneva allora il primato mondiale pro capite (o, almeno, da una prospettiva animale) del consumo di carne. Fu così inevitabile che i miei genitori — non ancora pregni delle argomentazioni a favore del vegetarianesimo maturate col tempo — si arresero all'usanza locale e cominciarono a porre carne di montone ed agnello sulla tavola. Essendo di bocca buona, accolsi i due nuovi sapori con gusto. Rammento ancora che, da bambino, succhiavo l'unto ed il grasso dall'arrosto di maiale schricchiolante e sgattaiolavo nella cucina, per cercare la gommosa cotenna di maiale arrostita, avanzata dalla colazione.

Vent'anni dopo, quando decisi di prendermi un anno sabatico dai miei studi universitari di biologia, per intraprendere un'avvetura oltreoceano, ero sulla buona strada per diventare vegano. Per ragioni umanitarie, evitavo la carne di vitello e, ogniqualvolta c'era un'opzione senza carne nella mensa della mia università, la sceglievo. Tuttavia, conoscevo il sapore dei Big Macs, Whoppers e dei panini Filet-o'-Fish ed ordinavo metà pollo per cena ai ristoranti Swiss Chalet. Quando scoprii la cucina, all'età di ventidue anni, il mio piatto preferito erano gli spaghetti alla Bolognese, colmi di manzo macinato, ravvivato da cipolle in cubetti e peperoni verdi.

Scelsi l'India come destinazione del mio seguente viaggio. La migliore amica di mia madre era indiana ed avevo avuto modo di apprezzare la cucina del suo paese facendo visita alla loro casa di Toronto: il loro cuoco aveva seguito lei e la sua famiglia direttamente dalla loro sontuosa abitazione di Mumbai, per preparare loro succulenti manicaretti. Come qualcosa come mezzo miliardo di indiani di religione hinduista, i Mehta erano vegetariani. Andare in India non significava solo che avrei avuto una simpatica sistemazione a Mumbai (allora Bombay), ma anche che esplorare la cucina vegetariana del paese sarebbe stato un gioco da ragazzi. Già prima di comprare i biglietti aerei per il mio soggiorno di tre mesi, avevo deciso di fare un tuffo nel tofu. Guardandomi indietro, scuoto il capo al pensare che mi occorsero vent'anni per tornare alle mie origini vegetariane.

Oggi, l'idea di mangiare carne mi è tanto estranea quanto mi fu l'india quando arrivai là nel Gennaio del 1984. Erano le cinque del pomeriggio e l'aeroporto di Mumbai pullulava di gente. Mentre i viaggiatori, che risentivano del fuso orario, si trascinavano lentamente verso funzionari dell'immigrazione dalla faccia severa, una minuscola donna scalza spazzava il pavimento con una primitiva scopa di saggina ed una gatta macilenta rovistava nei contenitori dell'immondizia, in cerca di cibo. Qualche ora più tardi, quando un uomo mutilato, vestito di stracci, si mise a chiedere l'elemosina vicino al finestrino del mio taxi, lo shock culturale fu talmente grande e soffocante che sentii il bisogno di prendere il primo volo verso casa.

Dieci giorni dopo, in qualche modo abituato al costante assalto ai sensi dell'India urbana, mi misi in viaggio per esplorare l'entroterra. Viaggiare in india fu impegnativo e mai banale. Imparai presto ad acquistare frutta, attraverso i finestrini del treno dagli inevitabili venditori reperibili ad ogni stazione. Sbucciavo i manghi e le guave, prestando attenzione ai consigli del ministero della salute di evitare tutto ciò che fosse stato lavato in acqua indiana. Le mie escursioni naturalistiche mi portarono fuori dalle vie più battute. Ad una fermata dell'autobus in un'area rurale, un piccolo raduno di paesani mi guardò con occhi spalancati, come se fossi appena emerso da un disco volante. Nonostante ciò, i ristoranti totalmente vegetariani erano alla portata di mano. Scoprii la cucina Thailandese vegetariana, un'ampia scelta di cibi locali, disposti in lucenti zuppiere di metallo e serviti su un grande vassoio di metallo, accompagnati da un sacco di riso. Gli indiani, tradizionalmente, mangiano con la loro mano destra, (la sinistra è riservata all'igiene personale), cosicchè i pasti vengono serviti senza posate. Se poi ne chiedevo una, mi portavano un cucchiaino più adatto a sfamare un topolino. A dispetto di ciò, i pasti erano sempre invariabilmente soddisfacenti, deliziosi e vergognosamente economici.

La mia incursione al di fuori delle carote fu nel Novembre del 1985, quando viaggiai con un'équipe di ricerca in Sud Africa per un mese, studiando i pipistrelli del Parco nazionale Kruger. Il nostro accampamento lungo le rive del fiume Luvuvhu era munito di tanto di servitù, costituita da due cuochi di colore. I nostri pasti serali ricordavano un qualcosa ricavato da un libro di cucina per arterosclerotici anonimi: un centrotavola di carne rossa ed un grande mucchio di sudsa—la risposta sudafricana alla crema di grano—inzuppata in un pesante sugo di carne. Qualsiai verdura che riusciva a stare in quel piatto, nervosamente raggruppata al bordo, guardava minacciosa dall'alto di un pezzo di quella che era stata precedentemente la spalla o la coscia di qualcuno.

La natura trovò un modo creativo di rimproverarmi per la mia ribellione. Dopo due settimane di viaggio, diventai il pasto di qualcun'altro. Durante una "scorreria" di una giornata per seguire pipistrelli, notai un sacco di punture di insetto sparpagliate sul torace farsi sempre più pruriginose. Guardandole più attentamente di sbieco, mi resi conto che uno di quei piccoli puntini rossi si stava…Muovendo! Due ore più tardi, con l'aiuto di vasellina strategicamente applicata, riuscii a spremere quattro vermi della misura di un grano di riso, morti per la mancanza di ossigeno, dal mio torso. Il caso voleva che la nostra guida sudafricana fosse un'autorità sulle mosche parassite. Egli mi informò del fatto che gli ospiti che si stavano nutrendo di me per cena erano vermi africani della pelle (*Cordylobia anthropophaga*, vale a dire *mangiatrice di esseri umani*), una specie mai prima registrata così a sud. Fu così che un individuo, che in precedenza era stato vegetariano, aveva assistito all'espansione a ventaglio di un collega carnivoro.

Ricordo che nel 1991 ebbi una discussione con un collega biologo sulla questione se la dentatura umana si fosse evoluta per il fatto di mangiare carne. Sostenevo questo perché i nostri denti sono bunodonti (un termine che avevo appreso in un corso sui mammiferi e che ora spiegavo per impressionare od intimidire il mio avversario più vecchio) e perché sono anche privi (accettatelo!) dei lunghi canini e denti carnassiali predisposti alla lacerazione: i nostri denti erano adatti a mangiare frutta, noci, ed altri vegetali commestibili. Poiché, in quel confronto, mancavano le basilari capacità d'argomentazione che dicono di ascoltare il proprio interlocutore, non riesco a rammentare alcuno dei suoi punti. Era veramente uno scambio senza scopo, poiché gli esseri umani non si sono evoluti né come vegetariani, né come carnivori. Gli umani sono onnivori. I nostri denti ed intestino sono propri di un animale che mangia principalmente vegetali, opportunamente integrati da un'occasionale aggiunta di tessuti animali. Quei libri di testo raffiguranti i primi ominidi mentre cacciano mammut con le loro lance ed inseguono mandrie lungo le scarpate sono rappresentazioni faziose. I primi esseri umani erano cacciatori-raccoglitori (o, forse, più accuratamente: raccoglitori-saprofagi), non il contrario.

Se potessi parlare con quel biologo oggi (purtroppo, è morto), non mi metterei a cavillare su denti e lance. Per me, l'argomentazione salutistica complessiva a favore di una dieta a base di vegetali è, semplicemente, che ce la passiamo meglio così, piuttosto che includendo carne. Si potrebbe riempire un'intero scaffale con libri che dimostrano i benefici del mangiare vegano.

Nel mio caso, la mia decisione di diventare vegano non fu mai di carattere salutistico: lo feci per gli animali. Se non ci fosse altra ragione al di fuori della sofferenza e morte precoce di una cosa come sessanta milioni di animali di terra all'anno (ed un numero equivalente di pesci) uccisi per il consumo umano ogni anno, mi impegnerei comunque quanto un coniglietto schizzinoso ad evitare la carne. Il rovescio della medaglia è che i giovamenti alla salute, all'ambiente ed alla situazione socio-economica del vegetarianesimo sono così stringenti, che anche se fosse possibile produrre carne senza sofferenza, rimarrei un convinto erbivoro.

Oggi, all'età di cinquantatre anni e con un peso di poco superiore a quello che avevo quando ero uno studente universitario di ventidue anni, ringrazio Nada e tutti gli animali del mondo, per avermi mostrato la gioia del cibo vegetale ed avermi ispirato a non mangiarne i corpi.

Hamburger Helper
Di Judy Carman, MA
Copyright © 2013 Judy Carman, M.A.

Judy Carman è un'attivista dei diritti animali, ambientalista, pacifista, attivista e da lungo tempo vegana. E' l'autrice di "Peace to All Beings: Veggie Soup for the Chicken's Soul (Pace per Tutti gli Esseri Viventi: Zuppa Vegetale per l'Anima del Pollo)", che fu votato uno dei migliori libri spirituali del 2003 dal Spirituality and Health magazine (Rivista di Spiritualità e Salute). E' coautrice con Tina Volpe di "The Missing Peace: The Hidden Power of our Kinship with Animals (La Pace che Manca: il Potere Nascosto della nostra Affinità con gli Animali)". Judy è cofondatrice di numerosi gruppi attivisti, incluso il gruppo di attivisti animali Animal Outreach of Kansas (Mobilitazione a favore degli animali del Kansas) ed anche (con Will and Madeleine Tuttle) del Worldwide Prayer Circle for Animals (Circolo di Preghiera Mondiale per Gli Animali) sul sito www.circleofcompassion.org e the Prayer Circle for Animals (Circolo di Preghiera per Gli Animali) su Facebook. Le sue opere includono una colonna intitolata: "Eating as Though the Earth Matters (Mangiare come se la Terra contasse)" per il Sierra Club's "Planet Kansas," un articolo settimanale per i membri del circolo di preghiera ed il suo blog sul sito www.peacetoallbeings.com, dove possono venire acquistate delle bandiere di preghiera per gli animali.

Una stradina di ghiaia passa vicino alla nostra casa. Un mattino, mentre facevo una camminata lungo questa via, mi imbattei in una deliziosa chiocciola che cercava di andare da un lato all'altro di essa. La strada è abbastanza larga per due macchine e rappresenta, di conseguenza, un tragitto troppo lungo per degli animali che avanzano così lentamente, poiché i pezzi di ghiaia si accumulano gradualmente sui loro piedi appiccicosi. La raccolsi (in realtà, non riesco a capire la differenza fra chiocciole femmine e chiocciole maschi, perciò sto solo tirando ad indovinare). Invece di ritirarsi nel proprio guscio, si mise a guardare mentre toglievo quei minuscoli brandelli di sabbia dal suo piede. Sembrava che guardasse me e la mia mano mentre la pulivo. Avevo la sensazione che, in quel momento, fossimo diventate amiche e che fossimo grate l'una all'altra: ella per essere stata sgravata del fardello della ghiaia ed essere stata aiutata ad attraversare quella strada pericolosa ed io per avere avuto il privilegio di entrare in stretto contatto con quella sacra creaturina. Come il cantante Isaac Bashevis Singer, una volta, scrisse: "Anche nel verme che striscia nella terra, brilla un bagliore divino."

Questo è uno dei grandi doni e benefici del vivere secondo i principi di nonviolenza del veganesimo. E' una sensazione di straordinario legame col mondo vivente, che torna alla libertà quando terminiamo di prendere parte ad atti violenti nei confronti degli animali che abitano il pianeta.

La storia di come diventai vegana ricorda un po' quella della mia amica chiocciola che attraversa lentamente la strada, accumulando molti granelli di ghiaia che interferiscono sul suo cammino: fu un processo lungo.

Malgrado Donald Watson coniò il termine "vegan" nel 1944,

l'anno in cui io sono nata, la notizia non mi pervenne per un bel po' di tempo. Cresciuta negli anni '40' e '50' nel Midwest, la parola "vegetariano" era o sconosciuta o mai pronunciata in mia presenza. Comprammo la nostra prima televisione quando avevo circa nove anni, ma non c'era niente di animalista o vegano nel pupazzo Howdy Doody o in Superman.

La nostra famiglia era molto più fortemente legata al consumo di carne ed allo sfruttamento animale della maggior parte delle persone. I miei zii possedevano degli allevamenti di bovini a Kansas City e papà cacciava qualsiasi animale, da una minuscola quaglia, alle giraffe ed ai lupi. Le decorazioni della nostra casa annoveravano un tappeto fatto con pelliccia di orso polare, su cui il cane usava trionfalmente urinare, un'altro di pelle di zebra e numerose teste mozzate di animali che, un tempo, avevano una famiglia e la libertà.

Le creature che abitavano la nostra casa, erano uno strano miscuglio di animali che amavamo (cani, gatti e svariati altri animali da compagnia), che cacciavamo con grandi fucili e che mangiavamo. Le vie di mezzo erano i topi muschiati nello stagno a cui papà cercava di sparare, mentre io tentavo di sollevare in aria la pistola per fargli mancare il colpo e i ratti di scuola che allevavo durante l'estate e che si moltiplicavano da tre a trenta in pochissimo tempo. Papà annunciò di avere intenzione di ucciderli tutti, così li liberai tutti, malgrado il loro destino fosse un'incognita.

Avevo circa undici anni, quando i nostri agnelli scomparvero, solo per ricomparire sulla nostra tavola da pranzo. Come quasi tutti i bambini, sentivo una particolare affinità con tutti gli animali, non solo con cani e gatti. Ero consapevole in modo innato che essi fossero nostri amici e come tutti i bambini, non afferrai il concetto che stessimo mangiando animali fino al momento di quel terribile pasto rivelatore. Non mi aveva mai sfiorato il pensiero che avremmo mangiato gli agnelli che, solo qualche giorno prima, strofinavano il naso su di me, riscaldandomi il cuore.

Qualcosa si agitava dentro di me e sapevo che, in qualche

modo, volevo smettere completamente di mangiare animali. Sfortunatamente, la mia dieta annoverava cioccolato, ciambelle fritte e Corn Flakes glassati con zucchero, che non facevano, di sicuro, bene alla mia salute. Mi emoziona sapere che i bambini di oggi, che si trovano nella mia stessa situazione di allora, possano andare online e scoprire come seguire un sano stile di vita vegano, trovare amici con valori simili ai loro e celebrare così il loro amore per gli animali.

Avevo preso a mangiare molto poca carne dopo quel risveglio, ma non avevo idea che esistessero persone che non mangiassero affatto carne, individui che amavano gli animali talmente tanto da rifiutarsi completamente di mangiarli, come di usarli in qualsiasi altro ambito, come, ad esempio, l'intrattenimento, o l'igiene della casa, etc. Giunse, però, il momento in cui—come la mia amica chiocciola—insorsi. Per me, i fattori scatenanti furono l'informazione ed anime che condividevano i miei stessi principi.

Negli anni sessanta e settanta, mi avvicinai all'attivismo antinucleare, ambientalista, pacifista, oltre all'emergente movimento in difesa dei diritti degli animali. Questo avvenne ben prima dell'avvento di internet, ma esistevano riviste, un crescente numero di libri, inclusi libri di cucina ed anche nuovi gruppi da poco creati. Stavamo mettendo in discussione tutto quello che ci era stato inculcato dalla nostra società. La visione mondiale che gli animali e la terra fossero una nostra proprietà che potevamo trattare a nostro piacimento stava sensibilmente andando in frantumi.

Tuttavia, mi ci volle più tempo di quello impiegato dalla chiocciola per capire, nella sua interezza, la follia che attanagliava il mondo e riconoscere e porre termine, una dopo l'altra, alle mie azioni, scatenate, incosciamente, da essa. Fui dunque vegetariana, non vegana, per molti anni. Amavo gli animali con tutto il mio cuore e desideravo dedicare la mia vita ad aiutarli, ma occorsero filmati clandestini, libri sui diritti animali, oratori ed intense conversazioni prima che questa nuova visione del mondo, questa piena consapevolezza del significato della vera compassione, finalmente, penetrassero e trasformassero la mia mente. Gli animali non esistono per essere da noi usati, sfruttati, resi schiavi, od uccisi—questa è di sicuro una delle affermazioni più radicali e colme di speranza mai proposte all'umanità—davvero una rivoluzione spirituale, intellettuale, morale ed etica.

La svolta finale per me ebbe luogo anni fa, con una semplice telefonata. Stavo tentando di ignorare quello che il mio buonsenso mi stava dicendo, ossia che latte, formaggio ed uova puzzavano di crudeltà. Compravo prodotti biologici per alleviare il mio disagio. Infine, un giorno, feci un respiro profondo e contattai l'azienda biologica Horizon Dairy. Chiesi loro: "Cosa accade ai vitelli dopo essere nati?". La calcolata risposta da parte dell'uomo che era in linea fu: "Li separiamo immediatamente dalla propria madre per impedire che si instauri un legame fra di loro. Essendo io stessa una madre— ben consapevole che una madre si affeziona al suo piccolo molto prima della sua nascita—ed immaginando l'agonia di quella separazione, il mio cuore si spezzò all'udire l'ignoranza di coloro che hanno il potere di controllare così tante vite. Continuai: "Così, quando la madre smette di produrre latte, cosa ne è di lei?"...Al che, egli pronunciò freddamente una sola, brutale parola: "Hamburger". E questo fu tutto. Tutto, ad un tratto, ebbe senso: potevo raffigurare, nella mia mente, questo intero quadro di avidità e potere e sentivo che gli animali ci chiedevano di fermare questa incessante guerra contro di loro. Sono grata a quell'uomo (il mio "hamburger" helper) perché la sua brusca e fredda risposta fu la spinta di cui avevo bisogno per attraversare completamente la strada.

Il mio spirito—come l'animo di qualsiasi persona—ha sempre saputo che gli animali meritavano sicuramente la stessa amicizia e libertà di qualsiasi essere umano. Il mio cuore si sente finalmente in pace, sapendo di poter essere coerente con il mio spirito e poter dimostrare ad altri che, a prescindere da come un individuo venga allevato, gli esseri umani possono contestare qualsiasi cosa venga insegnata loro. Come Walt Whitman disse: "Possiamo ignorare qualsiasi cosa insulti la nostra stessa anima", o come predicato da Martin Luther King: "Mai, mai avere paura di fare quello che è giusto, specialmente se il benessere di una persona od un animale sono a rischio. Le punizioni che la società ti imporrà saranno minime in confronto alle ferite che la nostra anima ci infliggerà se ci voltiamo dall'altra parte".

Possiamo sincronizzare il nostro buon senso interiore con le nostre azioni. Possiamo vivere con gioia il nostro essere vegani ed insegnare al mondo che ogni essere su questa terra è sacro, a noi interconnesso ed ha il diritto alla libertà ed a celebrare la vita.

Sono oltremodo grata a tutti coloro che mi precedettero documentando, filmando, soccorrendo ed educando il prossimo, per portare la luce sugli orrori che le persone hanno perpetrato ai danni degli animali. Possiamo tutti noi portare avanti quel lavoro ed illuminare il cammino dei discendenti di tutte le specie animali! Possiamo noi fare tutto quello che è in nostro potere per portare pace e libertà alle nazioni animali e sollevare l'umanità alla sua più alta vocazione di "Homo Ahimsa"—la specie gentile, compassionevole, nonviolenta, che siamo sempre stati destinati ad essere!

Disadattamento creativo: dai diritti civili ai diritti dei polli
Di Karen Davis, PhD

Karen Davis, PhD è presidentessa e fondatrice del United Poultry Concerns (Organizzazione in difesa degli interessi di tutto il pollame), un'organizzazione no profit che promuove il trattamento compassionevole e rispettoso dei gallinacei domestici, incluso un santuario per polli sulla costa orientale della Virginia. I suoi saggi compaiono in "Experiencing Animal Minds (2012) (Essere nella mente di un animale)", "Critical Theory and Animal Liberation (2011) (Teoria critica e liberazione animale)", "Sister Species (2011) (Specie sorelle)", "Animals and Women (1995) (Animali e donne)" e molte altre pubblicazioni sulla vita e sui sentimenti degli animali e la psicologia delle interazioni fra umani e non umani. I suoi libri includono: Prisoned Chickens, Poisoned Eggs: An Inside Look at the Modern Poultry Industry; More Than a Meal: The Turkey in History, Myth, Ritual, and Reality; Instead of Chicken, Instead of Turkey: A Poultryless "Poultry" Potpourri; A Home for Henny; and The Holocaust and the Henmaid's Tale: A Case for Comparing Atrocities.

Karen e la United Poultry Concerns sono l'oggetto dell'articolo dell'*Washington Post* "Per gli Uccelli"—vincitore di un Genesis Award—Nel 2012, il profilo di Karen fu raccontato nel film "Una scuola per Malia" ("Won't Back Down") dal quotidiano *Altoona Mirror,* in Pennsylvania, dove ella crebbe. Nel 2002, Karen Davis fu presentata al U.S. Animal Rights Hall of Fame per i suoi "eccezionali contributi alla liberazione animale".

> "Ci saranno sempre cose a cui faremo fatica ad adattarci, se vogliamo essere persone di buona volontà."
> **Martin Luther King Jr.**

Per quanto riesca a ricordare, ho sempre odiato la crudeltà e la sofferenza dei più indifesi. Essendo cresciuta in una famiglia ed una comunità dove ci si aspettava che gli uomini ed i ragazzi sapessero cacciare, guardavo mio padre ed i suoi amici ammassare i loro cani nei portabagagli delle loro automobili e tornare, alla fine della giornata, con gli animali a cui avevano sparato, successivamente scuoiati o spennati nel loro scantinato. ero adolescente, l'ora di cena era diventata un momento di continui litigi con mio padre per quanto riguarda la caccia, sebbene entrambi esultassimo quando ci veniva servita una costoletta di prima qualità, o del prosciutto cotto. Questo accadeva perché non mi era ancora passato per la testa che "carne" significasse "animale" e morte.

A metà degli anni cinquanta, una rivista per adolescenti curava una storia intitolata "Loro!", in riferimento a degli studenti neri che cercavano di essere ammessi ad una scuola per soli bianchi a Little Rock, Arkansas, in un'atmosfera intrisa di ostilità. Chiesi a mio padre quale fosse il motivo di un odio ai miei occhi immotivato. Non ricordo la sua risposta. Tuttavia, anni dopo, quando ero all'università negli anni sessanta e cominciavo a percepire l'ingiustizia razziale di quell'ambiente, egli disse che, se avessi portato una "persona di colore" a casa nostra, non l'avrebbe fatta entrare. In ogni caso, le persone di colore non volevano venire a casa nostra.

Quando sfidai la mentalità di mio padre, mia madre disse che dovevo rispettare le opinioni altrui, ma io risposi che ero obbligata a rispettare solo il diritto altrui di avere delle opinioni, non l'opinione in se stessa.

Momenti del genere segnarono l'inizio del mio conscio dissenso nei confronti di molti modi convenzionali di pensare ed agire. La mia sensibilità cominciò a concretizzarsi sotto forma di idee e valori che andavano contro i sentimenti dei più. L'aver appreso cosa dovessero patire gli animali per diventare "carne", mi portò a diventare vegetariana nel 1974. Dieci anni più tardi, dopo essere venuta a conoscenza degli orrori dell'industria casearia e di quella delle uova, diventai vegana.

Nel corso di quegli anni, agonizzai di fronte alla sofferenza ed agli abusi subiti dagli animali non umani. Il mio risveglio profondo sull'ubiquità degli abusi sugli animali e la loro sofferenza nascosta ebbe luogo grazie a due episodi. Il primo fu un viaggio nel Golfo di San Lorenzo, dove— a mia insaputa al momento della registrazione al tour—era in pieno corso la mattanza dei cuccioli di foca. Il secondo fu una visita ad un grande e buio magazzino nel Maryland, pieno di migliaia di pappagalli forzati in minuscole gabbie, in attesa di essere spediti ai negozi di animali.

La Giornata Mondiale degli Animali da Laboratorio (World Laboratory Animals Day) a Lafayette Park in Washington, DC nel 1983 rappresentò il punto di svolta. Appena rivolsi il mio sguardo alle scene di cani ed altri animali vittime dei laboratori, rimasi pietrificata dal dolore di cui i loro occhi erano intrisi. Promisi che non avrei mai più abbandonato gli animali non umani alle ingiustizie della nostra specie, poiché saperli soffrire così era diventato insopportabile. Dal quel momento in poi, divenni un'attivista dei diritti animali, una persona creativamente disadattata, che cerca, si adopera ed esige un rimedio.

Nel 1990, una gallina di nome Viva, paralizzata ed abbandonata dall'industria del pollame, mi portò a scoprire la United Poultry Concerns (Organizzazione in difesa degli interessi di tutto il pollame), un'organizzazione no profit dedicata al trattamento compassionvole e rispettoso di polli ed altri gallinacei, che incoraggia altresì le persone ad adottare uno stile di vita vegano.

Quando incontrai Viva nel 1985, insegnavo inglese alla University of Maryland, cosa che mi aspettavo di fare per il resto della mia vita. Eppure, dedicavo sempre più tempo alla questione animale, in particolare a quella degli animali d'allevamento. Il numero di questi poveri animali brutalmente torturati mi lasciava senza parole. Gli animali d'allevamento non venivano nemmeno presi in cosiderazione dagli ambientalisti e da altri, perché non suscitavano in loro alcun interesse morale. Secondo loro, il modo in cui queste creature venivano allevate le portava a raggiungere un livello di intelligenza e condizioni fisiche al di sotto di qualsiasi accettabile standard, per cui sarebbero comunque state uccise per farne cibo.

La mia esperienza con Viva dimostrò l'esatto contrario. Sebbene essa fosse incapace di moversi, ella si dimostrava sensibile, affezionata ed attenta. Era già dotata di voce, incluso quel dolcissimo trillo che ella emetteva quando le carezzavo delicatamente le piume e le parlavo amorevolmente, ma la sua voce doveva venire amplificata all'interno di quel sistema oppressivo nel quale ella ed i suoi fratelli e sorelle erano intrappolati.

Il mio lavoro per sensibilizzare le persone sulle condizioni di vita del pollame è una faticosa rampicata, malgrado sempre più gente abbia a cuore la loro sorte. Disadattamento creativo significa non adeguarsi mai al bigottismo od a chi dice di no. All'opposto, si deve continuare a dimostrare lealtà nei confronti di coloro per cui si ha deciso di combattere ed afferamare ciò che si crede sia giusto.

Compassione, salute e natura–è tutto collegato
Di Quinny Chiang

Quando mi fu chiesto di scrivere la mia storia, il primo pensiero che mi venne in mente fu che dovevo raccontarla dall'inizio. Da bambina, trascorrevo moltissimo tempo con gli animali. Vivendo in città, circondata da edifici e persone, mi sentivo attratta da tutte le creature viventi. Visitavo spesso gli acquari lì vicino, i negozi di animali e gli zoo, per guardare quegli esseri viventi, senza rendermi conto che venissero trattati come semplice merce. Ne portai anche qualcuno a casa.

Crescendo, allevai molti animaletti, quali tartarughe, un coniglio, un pollo, un criceto, anatre e rane. Ero fortemente legata ed affezionata a tutti i miei amici animali. Li guardavo mangiare, giocavo e parlavo con loro. Mi rispondevano e comunicavano con me. Non c'era dubbio che li amassi e rispettassi come individui. Purtroppo, non importa quanto obiettassi in favore di alcuni dei miei animali, essi finivano sempre sulla tavola all'ora di cena. Sfortunatamente, malgrado mi rifiutassi di mangiarli, facevo davvero fatica a capire che non ci fosse differenza fra gli animali d'allevamento e quelli con cui giocavo.

Credo che il desiderio di diventare vegetariana fosse rimasto latente in me per molti anni. Sebbene il motivo non mi fosse chiaro, ad un certo punto, verso i vent'anni, divenni improvvisamente vegetariana. Ora che mi guardo indietro, potrei aver cercato di sondare il terreno. Il vero cambiamento, però, non avvenne in quel periodo. Un anno più tardi, a causa di carenze nutrizionali, mi ammalai seriamente. Il dottore mi ordinò di includere della carne nella mia dieta. Non lo biasimai, perché, in quel periodo, mangiavo solo verdure a foglia verde e riso. Dopo quell'inconveniente, non contemplai più l'idea di essere vegetariana per un bel po' di tempo.

Trascorsero più di dieci anni, quando, un giorno, incontrai una donna che stava seguendo una dieta vegetariana. Diventammo amiche ed ella mi invitò alla fiera di cibo vegetariano (Vegetarian

Food Fair). Dopo aver assistito ad uno dei seminari, rimasi scioccata, non perché venni informata sulla crudeltà a cui erano sottoposti gli animali, ma perché mi resi conto che non potevo più evitare l'argomento che avevo evitato per tutto quel tempo. Comunque, il tema della "crudeltà" mi diede una ragione legittima per smettere di mangiare carne: avevo finalmente preso coscienza ed ero subito passata ad una dieta vegetariana.

In realtà però, avevo piuttosto paura di parlare ai miei amici ed alla mia famiglia del mio cambiamento. Passai i primi mesi ad adattarmi al vegetarianesimo. Per fortuna, fui accettata senza grossi problemi e, credetemi, la cosa più problematica fu che continuai a sentirmi fuori luogo quando mangiavo con altri. Il tempo portò giovamento: l'astenermi dalla carne divenne lentamente sempre più facile e riuscii anche a convertire mio marito al vegetarianesimo nel giro di un anno.

Tre anni più tardi, dopo aver consultato molti libri e siti web sui diritti animali, decisi che fosse giunta l'ora di diventare vegana. La transizione ad una dieta tutta vegetale fu piuttosto facile, poiché i latticini e le uova non mi mancavano particolarmente. Assumere uno stile di vita vegano, però, mi richiese un po' più di tempo e sforzo, poiché ero determinata a liberarmi di tutti i miei vestiti. Non mi piace sprecare un capo d'abbigliamento perfettamente indossabile, ma non mi va neanche di andare a comprarne di nuovi quando non è necessario. Risolsi la faccenda promettendomi di non comprare mai un nuovo indumento che non fosse vegano. Quando i miei vestiti non fossero stati più utilizzabili, li avrei scambiati con qualcosa di vegano, cosa che mi sembrava alquanto ragionevole.

Oggi, il solo pensare agli animali che sono riuscita a salvare, mi rende felice del cambiamento apportato alla mia vita. Mi sento molto più in sintonia con gli animali e la natura e mi rendo conto che questa è stata la cosa migliore che potessi fare.

La mia visita ad un macello
Di Laura Lee

Mi trasferii in una fattoria quando mia madre si risposò. Lì c'erano mucche che pascolavano nei campi. Questi animali erano così enormi vicino a me, una bimba di undici anni, tuttavia dei giganti gentili che mi piaceva coccolare e che non vedevo l'ora di avere vicino a me, ogni giorno. Un dì, il mio patrigno uscì dalla porta e mi chiese se volessi andare con lui al macello. Gli dissi che mi andava benissimo, anche se non sapessi di cosa si trattasse: pensavo che fosse solo un genere di negozio.

Giungemmo a questo grande edificio: puzzava molto dall'esterno e quando entrammo, il fetore peggiorò. Non avevo mai odorato qualcosa del genere prima di quel momento. Il mio patrigno mi accompagnò in una stanza e mi chiese di aspettarlo mentre andava a prendere un ordine. Nella sala, c'era una grande finestra. Guardai attraverso di essa e vidi un pavimento cosparso di sangue: ero confusa, qualcuno si era forse ferito? Avrei dovuto cercarcare il mio papà per eventuali soccorsi? Udii un gemito ed alzai lo sguardo per vedere comparire, improvvisamente, un maiale in una gabbia metallica, Un uomo entrò nella stanza: indossava stivali da pesca e teneva in mano un fucile. Puntò l'arma in direzione del maiale terrorizzato e gli sparò in testa. Non appena questa creatura caddè a terra, morta, un altro maiale fu costretto con la forza ad uscire. Quest'ultimo aveva visto cosa era accaduto al maialino che lo precedette e si divincolava per non fare la stessa fine. Era così spaventato, che riuscivo a vedere la paura stampata nei suoi occhi, sentimento che si manifesta allo stesso modo sia nello sguardo degli animali, sia in quello umano.

Ero in uno stato di shock: non riuscivo a credere a quello a cui avevo assistito. Compresi allora da dove provenisse realmente la carne. Inutile dire che mia madre era molto turbata dal fatto che mio padre mi avesse portato al mattatoio. Egli non riusciva a capire dove stesse il problema: i suoi figli c'erano stati spesso, senza subirne alcun trauma. Per quanto mi riguarda, trascorsi molti giorni piangendo e rifiutandomi di mangiare. Non sapevo che la carne non si trovasse dappertutto. Dopotutto, mia madre sapeva quanto io amassi gli animali, specialmente quelli della fattoria e non disse nulla, anno dopo anno. Non potevo più fidarmi di mia madre: era troppo difficile per me credere che altre persone sapessero cosa accadesse, ogni giorno, in quei luoghi e che non battessero ciglio a riguardo.

Trentotto anni fa, ero una ragazzina ingenua di undici anni, che se ne andò dal macello consapevole che quel giorno avrebbe cambiato per sempre la mia vita. Sono vegetariana dal 1980 e vegana dal 2008. Sarei stata vegana sin dall'inizio se solo fossi stata cosciente della crudeltà che si cela dietro la produzione di latte ed uova. Mi rendo conto che questi alimenti siano anche nocivi alla salute, ma ho sempre dato la priorità all'aspetto etico della questione.

Un cammino dalla negazione alla vita compassionevole
Di Diane Gandee Sorbi

Diane Gandee Sorbi è un'attivista dei diritti animali che vive a Redwood City, California, USA, assieme al suo marito vegano. E' membro di Direct Action Everywhere, ama leggere, fare giardinaggio, cucinare deliziose pietanze vagane, vivere con semplicità. Non guarda la televisione e preferirebbe, piuttosto, vedere il mondo diventare vegano.

Fui allevata seguendo la tipica dieta americana e, di rado, la contestavo. Prima di sentire la parola "vegan" mi era occasionalmente capitato di incontrare delle persone vegetariane e ne ero quasi in soggezione. Capivo che stavano mettendo in atto i propri valori, ma pensavo che sarebbe stato troppo duro per me rinunciare alla carne, cosicché rimuovevo questo pensiero in un batter d'occhi dalla mia mente. Sapevo, però, di non essere fiera della mia scelta di mangiare carne.

Molti anni dopo, cominciai a leggere materiale sugli orrori degli allevamenti intensivi. Quello che appresi mi spezzò il cuore e compresi che, se non fossi cambiata, non mi sarei mai sentita a mio agio con me stessa. Purtroppo, più o meno in quel periodo, iniziai anche a leggere dei cosiddetti prodotti animali "umani", che mi sembrarono la soluzione perfetta. Non ci sarebbe stato alcun motivo di privarmi di alcunché. Avrei semplicemente potuto spendere più soldi in carne allevata al pascolo ed uova di galline da allevamenti a terra: in questo modo gli animali non avrebbero sofferto. Mi dicevo che quegli animali avrebbero potuto godere di una vita lunga e felice e, se destinati a diventare carne, sarebbero morti di una morte veloce ed indolore. Ero veramente convinta che le mucche da latte e le galline da uova vivessero fino al naturale termine della loro vita, in piccole, bucoliche fattorie e che niente di terribile potesse mai accadere loro. Ero incredibilmente ingenua: avevo scelto di credere in quello a cui volevo credere.

Poco dopo essermi iscritta a Facebook, aggiunsi alla mia lista alcuni nuovi amici vegani. A quel punto, non avevo nessuna idea di cosa potesse spingere una persona a diventare vegana. Sapevo che costoro non usavano o consumavano nessun prodotto animale, ma, francamente, li ritenevo un po' strani. Dopotutto, che male c'era nel prendere delle uova da galline che le deponevano naturalmente, o nel consumare il latte da una mucca o da una capra che avevano bisogno di essere munte? Non avevo mai considerato il fatto che le mucche dovessero prima rimanere incinte per produrre latte, che questo appartenesse solo ai loro cuccioli e che questi sarebbero stati incatenati in minuscoli box e ridotti a carne di vitello. Non ne sapevo niente di produzione della lana, che pensavo consistesse nel praticare nelle pecore un "taglio di capelli" di cui esse avevano bisogno.

Il vegetarianesimo aveva senso, ma il veganismo mi sembrava troppo estremo. Sarò sempre grata a quegli amici per avermi aperto gli occhi. Essi postarono articoli e video sulla realtà di latticini ed uova. Da loro, io imparai che i prodotti animali "umani" non esistevano, che i vitellini vengono levati alle loro madri disperate per farne carne e che i pulcini maschi vengono tritati vivi il primo giorno di vita, perché di nessuna utilità all'industria. Ne ero inorridita! I paraocchi caddero a terra: non c'era più alcun modo di negare la verità.

Vorrei essere diventata vegana all'istante, ma mi ci vollero alcuni mesi da quando avevo appreso i principi del vegetarianesimo. Cominciai ad eliminare la carne rossa, poi il pollame, il pesce e le uova e mi abituai, man mano, a vivere senza di essi. L'alimento a cui facevo più fatica a rinunciare era il formaggio: era il mio cibo preferito e ne mangiavo a iosa. C'era un altro motivo per cui non volli diventare subito vegana: ero preoccupata delle feste, dove sarebbe stato servito un sacco di cibo e quella bizzarra vegana avrebbe sgranocchiato gambi di sedano, mentre tutti gli altri avrebbero mangiato tutto il resto. Inoltre, mi piaceva andare a mangiare al ristorante, qualche volta ed immaginavo che non avrei potuto ordinare nient'altro che insalata. Ero consapevole che queste fossero motivazioni egoistiche e non mi sentivo in pace con la mia coscienza. Sapevo di non poter più apprezzare i miei pasti a causa della sofferenza che questi causavano. Sentivo che era giunto finalmente il momento di fare il gran salto.

Il giorno in cui mi promisi di diventare vegana fu uno dei migliori e più significativi della mia vita. Mi sembrò di essermi lanciata, per la prima volta, da un aereo con un paracadute: avrei avuto paura, ma sarebbe stato esilarante. Era un punto di non ritorno. Il mio primo, delizioso pasto vegano fu una rivelazione: il sapere che nessun animale innocente era stato maltrattato od ucciso per te è una sensazione bellissima.

Sebbene fossi inzialmente diventata vegana per gli animali, riscontrai molti più benefici dopo questo cambiamento. La mia salute migliorò esponenzialmente: molti disturbi cronici, come asma e problemi dermatologici, erano scomparsi. I miei livelli di colesterolo e pressione sanguigna, un tempo molto alti, sono ora eccellenti. Avevo faticato per molti anni per perdere i diciotto chilogrammi che avevo in eccesso, ma invano. Quei chili se ne andarono senza sforzo in meno di un anno dalla transizione. Ho infinitamente più energia di prima e posso onestamente dire di sentirmi vent'anni più giovane.

In qualità di individuo a cui stanno a cuore tematiche legate alla giustizia sociale ed all'ambiente, sono lieta che la mia dieta sia una soluzione alla fame nel mondo ed aiuti a ridurre il riscaldamento globale. Dopo aver capito che avevo il potere di cambiare il mondo attraverso il veganismo, divenni, con mia grande soddisfazione, un'attivista. All'interno della comunità vegana, ho avuto il piacere di incontrare molte persone meravigliose, che considero la mia famiglia. Amo follemente essere vegana! Il mio unico rimorso è quello di non averlo fatto prima!

Come divenni vegano
Di David Sztybel, PhD

David Sztybel è un filosofo specializzato in diritti animali. Egli ha conseguito il suo dottorato di ricerca in etica animale all'Università di Toronto ed un postdottorato alla Queen's University. Ha tenuto molti corsi alla Brock University, scritto numerosi articoli peer-reviewed in riviste specializzate ed enciclopedie e gestisce il proprio sito web www.davidsztybel.info, con un link al suo blog. E' vegano dal 1988.

Cosa mi spinse a diventare vegano? Come molte persone della mia generazione, ad ispirarmi fu un libro in particolare: "Liberazione Animale (Animal Liberation)" di Peter Singer.

Frequentavo la Libreria più grande del Mondo (the World's Biggest Bookstore) nel centro di Toronto. Un giorno, fui inspiegabilmente attirato da un libro di Singer e decisi di leggerlo. Capii appieno le sue lucide motivazioni (malgrado ora non condivida alcune delle sue idee) ed i suoi racconti dettagliati su allevamenti intensivi e vivisezione. Inciampai fuori dal mio letto e dissi a mia madre qualcosa come: "Il modo in cui trattano questi animali d'allevamento è orripilante…" Ella mi interruppe, finendo la mia frase: "Perciò vuoi diventare vegetariano? Okay." Da quel momento in poi mi cucinò quei tipi di cibi. Mia sorella Miriam era già vegetariana da molti anni, anche se non ne aveva mai fatto parola con me. Mia madre e mio padre diventarono vegetariani anni dopo. Mia madre disse di essere vegetariana in maniera riflessa attraverso i suoi figli già da prima di quel momento. La morte del cane di famiglia scatenò la conversione di mia madre che, alla fine, riuscì a convincere mio padre a seguire il suo esempio.

Da quando ho lasciato il nido, ho imparato a cucinare pietanze vegane. Offro anche un modesto libro di cucina sul mio sito web, con alcune delle mie ricette preferite. La verità è che non avevo ancora deciso di diventare vegetariano, quando mia madre terminò il mio pensiero: una conclusione che non avrebbe potuto dimostrarsi migliore per la mia vita. Questa conversione al veganismo influenzò la mia carriera di studente di filosofia ed accademico.

La motivazione più importante per diventare vegani è rappresentata dagli animali, ma le ragioni ambientaliste e salutistiche non fanno che recare giovamento anche a queste creature, malgrado solo indirettamente. A ben guardare, c'è un'incredibile gamma di motivi per cui diventare vegani e solo poche misere scuse per continuare ad essere onnivori. Spero che sempre più gente riesca a compiere questo cambiamento, che così tanto può donare alle nostre esistenze.

La mia esperienza vegana
Di Coleen Tew

Ho sempre sentito una sorta di affinità con gli animali, specialmente nei miei anni adolescenziali, quando inveivo contro la caccia di balene, foche della Groenlandia ed altri animali selvatici. Non mi passò mai per la testa che gli animali che chiamiamo cibo fossero esseri senzienti; infatti, la mia religione (Cattolica) ci insegnava che gli animali non hanno un'anima e, di conseguenza, non provano dolore. Anche mio padre mi disse che le mucche ed i maiali erano così stupidi da non sapere quasi di essere al mondo. Questo, naturalmente, mi aiutò a mangiarli impunemente. Cercai molte volte di essere vegetariana quando avevo venti e trent'anni, ma rinunciai a causa della pressione esercitata su di me dai coetanei, che mi davano della stravagante e della scocciatrice.

Dovette arrivare giugno del 2005, perché qualcosa scattasse veramente nella mia testa e nel mio cuore. Mi ero seduta a tavola e stavo per mangiare petti di pollo per cena, proprio come avevo fatto molte volte in passato. Malgrado ciò, quando affondai il coltello, vidi con grande chiarezza le venature di quella carne e capii, senza ombra di dubbio, che non potevo più mangiarne ancora. Tutto quello a cui potevo pensare in quel momento era che quella carne era stata un essere vivente, morto per diventare la mia cena. Quel pensiero mi ripugnava ed mi sentii sopraffatta dal senso di colpa e vergogna per avere impiegato così tanto tempo per capirlo.

Qualche tempo dopo, mi sentii in dovere di dare un'occhiata al sito web della PETA (People for the Ethical Treatment of Animals) per scoprire le fonti di proteine (ero ancora convinta che le proteine fossero alla base di una buona salute). Cliccai sulla voce "Meet your Meat" (Incontra la tua carne), aspettandomi una commedia scanzonata fra prati colmi di animali. I pochi secondi di video che ebbi il coraggio di guardare ed ascoltare saranno per sempre marchiati a fuoco nella mia mente. Il mio cuore batteva all'impazzata e singhiozzavo per la pena. Dopo essermi calmata, ascoltai un discorso tenuto da Ingrid Newkirk sul veganesimo e sulla crudeltà che sta dietro alla produzione di latticini ed uova. Pensavo tra me e me: "Come fanno questi cibi ad essere crudeli? Gli animali non muoiono, o muoiono? Dopo aver approfondito le mie letture ed aver guardato (o cercato di guardare) i terribili video sugli abusi perpetrati dalle industrie dei latticini e delle uova, quella stessa notte, diventai consapevolmente vegana.

Pensavo che sarebbe stato difficile, data la mia propensione al conformismo, essere quella che segue una dieta diversa e fa sentire la propria voce in difesa degli animali. Sorprendentemente, fu tutto piuttosto naturale. Sì, mi sento ancora alienata, qualche volta, ma tengo sempre a mente le immagini di allevamenti intensivi e macelli: niente potrebbe eguagliare quel dolore e non smetterò mai di esserne portavoce.

Sono più felice, più in salute e priva di quel pesante senso di colpa, il mio spirito è più leggero; le mie papille gustative sono più raffinate ed apprezzo ogni pietanza molto più di prima. L'essere diventata vegana è stata, in assoluto, la migliore scelta che potessi fare e spero che sempre più persone possano aprire gli occhi ed abbracciare la compassione.

Come diventai vegano
Di Matt Bear

Matt Bear crebbe in Minnesota, nella fattoria dei suoi nonni. Durante tutta la sua adolescenza, egli visse e lavorò in un allevamento intensivo di maiali. Matt è un oratore popolare ed un insegnante, che attinge direttamente dalla sua esperienza cogli animali d'allevamento, dalla sua dedizione verso tematiche di giustizia sociale e dalla sua ampia comprensione dell'impatto che le scelte dei consumatori hanno su coloro con cui condividiamo questo pianeta.

Matt fondò il sito web NonviolenceUnited.org, creò la popolare maglietta VEGAN, acquistabile sul sito VeganShirt.com e produsse l'acclamatissimo video "A Life Connected" (Una vita connessa), che può essere visto su VeganVideo.org – ora disponibile in sedici lingue e visto da milioni di persone in tutto il mondo. Matt, attualmente funge da Direttori di Progetti Vegani (Director of Vegan

Projects) al Farm Animal Rights Movement (FARM, Movimento per i Diritti degli Animali d'Allevamento) e continua a sovrintendere Nonviolence United.

Ho adorato gli anni trascorsi nella fattoria dei miei nonni. Ricordo i miei risvegli al canto del gallo ed il rumore squillante delle coperture delle mangiatoie di metallo che sbattevano mentre si chiudevano, dopo che i maiali avevano finito di mangiare e tornavano a stendersi al sole del mattino. Posso ancora odorare il profumo magico della colazione di mia nonna, che si dirigeva al piano di sopra per farmi scendere dal letto.

Saltavo dentro la mia salopette e, con un balzo, andavo ad aiutare il nonno a dare da mangiare alle quaranta pecore, i due manzi ed i più o meno cinquanta maiali. La fattoria era cambiata cogli anni. Il gigantesco granaio rosso che aveva un tempo ospitato dozzine di mucche da latte, era ora quasi vuoto. Si poteva udire l'eco dei richiami delle poche pecore ed il muggito dei manzi. La nonna raccoglieva le uova deposte dalle cinquanta o sessanta galline e le lavava — pronta per la sua famosa torta ed i suoi biscotti e per venderne qualche dozzina alla volta ai vicini.

Giunta la primavera, il nonno tornava a casa dal negozio di generi alimentari con dozzine di piccoli pulcini gialli, che avevano solo pochi giorni e pigolavano e sgranavano gli occhi al loro nuovo mondo. La nonna montava l'incubatrice dove i pulcini avrebbero trascorso la loro vita nel corso dei mesi successivi. Essi stavano fuori a beccare e grattare il terreno durante le ore diurne, mentre, di notte, si accalcavano sotto le lampade a raggi infrarossi, chiusi a chiave ed al sicuro.

Quando avevo sette anni, diventai presto molto amico di un pulcino in particolare. Non era più piccolo o più grande degli altri, ma instaurammo subito un legame. Quando entravo e mi siedevo a guardare i pulcini, mentre tutti gli altri si sparpagliavano nervosamente dall'altra parte del piccolo capanno, quella creaturina correva verso di me. Saltava sul mio grembo per farsi reggere e carezzare da me. Aveva un modo tutto suo di guardarmi negli occhi: sembrava un amico che non vedevo da molto tempo, intrappolato, in qualche modo, nel corpo di un pollo. Lo chiamai Foghorn e, semplicemente, lo amai.

I polli crescono in fretta e presto arrivò agosto. Le mie zie, i miei zii e cugini tracciavano la strada in terra battuta che dava verso la fattoria, per participare al consueto evento di famiglia. La nonna stava fuori, nel capannone delle pompe, a far bollire dell'acqua in grandi pentole ed il nonno affilava la lunga lama d'acciaio di un machete fatto in casa.

Arrivò metà mattinata. I miei cugini andarono a prendere i polli, ormai quasi del tutto adulti, afferrandoli per le zampe e li portarono al nonno. Li seguii, cullando Foghorn., che porsi poi al nonno. Foghorn mi guardò e sgranò gli occhi. Con la sua mano gigantesca, il nonno piegò le ali di Foghorn dal suo lato, tenette ferme le sue zampe e lo dispose sul tronco d'albero. Qualche secondo dopo, mi riconsegnò il corpo sanguinante di Foghorn. Lo tenetti capovolto per le zampe, poichè mi era stato chiesto di fare scolare il sangue dal suo collo spezzato. Mentre stavo in piedi in fila con i miei cugini per portare Foghorn alle pentole bollenti, così da riuscire a strappare le sue piume più facilmente, guardai indietro, in direzione della sua testa, che giaceva in un cumulo con le altre… Quegli occhi sgranati per l'ultima volta, il suo becco aperto.

La mia mente era avvolta da una nube di confusione. Ero orgoglioso sia delle nostre tradizioni, sia di aiutare gli adulti, ma un rapporto d'amicizia fu interrotto quel giorno, assieme alla mia anima gemella e la fiducia svanì — la fiducia tra me ed i miei nonni e la fiducia che univa me ed il mio amico pollo. Malgrado il discorso in memoria di Foghorn, che feci quando fummo a tavola quella sera, impedì a tutti di mangiare pollo, non fermò né loro, né me a lungo. Mi fu detto e venni persuaso che "fosse semplicemente parte della vita".

Trascorsi i miei anni adolescenziali vivendo e lavorando in un allevamento intensivo di maiali. Il mio patrigno possedeva quella che, un tempo, era una fattoria, ma che fu presto trasformata in un impianto di macellazione. I miei fratellastri ed io gestivamo le attività giornaliere ed io venivo coinvolto in prima persona in ogni sanguinoso dettaglio. Avevo gli incubi scaturiti da quello che vedevo e ciò che ho commesso mi tiene ancora sveglio la notte — anche dopo tutti questi anni. Immerso nel terrore, continuavo a dire a me stesso che "era solo una parte della vita".

Avevo diciotto anni e frequentavo l'università, quando sentii la parola "vegetariano" per la prima volta. Durante un'uscita didattica, dove incontrai mia moglie Barbara, uno dei nostri professori ordinò una pizza senza salame piccante. Pensavo dovesse essere pazzo. Davo occhiate furtive nella sua direzione e lo vedevo intento a mangiare un panino con gelatina e burro d'arachidi, mentre gli altri immergevano le mani in una busta di plastica piena di carne di manzo essicata. Appresi che era vegetariano per ragioni ambientali. A quel tempo, le motivazioni non mi importavano tanto quanto l'aver improvvisamente realizzato che esisteva un'altra via — imprigionare ed uccidere animali non era semplicemente "parte della vita". Questa era una menzogna: era tutta una bugia.

Quando Barbara mi accompagnò a fare visita alla fattoria, in un momento di pausa dall'università, improvvisamente, vidi tutto in modo diverso. Una scrofa malata mi aprì gli occhi e cambiò la mia vita per sempre. Avevo visto scrofe in gravi condizioni di salute dozzine di volte, in passato. Le femmine di maiale vengono fecondate moltissime volte, senza tregua. Esse vengono così indebolite nel corso della loro breve vita, che la loro salute spesso va deteriorandosi — sovente, sono così stremate da rimanere distese ed essere incapaci di alzarsi nuovamente. Chiunque pensi che questo non avvenga perché "gli allevatori si occupano dei loro animali perché vogliono loro bene, o perché queste creature rappresentano la loro fonte di sostentamento", semplicemente non si rendono conto di quanto siano enormi queste strutture, della pressione degli allevamenti intensivi moderni e della realtà dell'usare gli animali per trarne profitto. E' più conveniente mettere da parte una scrofa allo stremo delle forze, che occuparsi di rimetterla in sesto; questo è tutto quello che sono gli animali d'allevamento: nient'altro che una fonte di guadagno.

Guardai quella scrofa negli occhi e sembrò come di essere in un film: ella aprì un varco nel mio cuore. Le diedi un po' di acqua e cibo, perché non riusciva a raggiungerli da sola. Ancor'oggi, a distanza di vent'anni, mentre descrivo tutto questo, faccio ancora fatica a pensarci. Informai il mio patrigno sulle sue condizioni. Egli mi porse una pistola, ma non riuscii a privarla della vita. Non riuscivo a costringermi a porre fine alle sue sofferenze. Barbara ed io le demmo un po' più di acqua e cibo, tornammo in macchina, piangemmo e parlammo di lei per tutto il tragitto di ritorno all'università. Discutemmo dell'allevamento di famiglia, di tutta l'industria agroalimentare, dei suoi sprechi, di tutta la violenza che essa implicava e di quanto tutto questo non fosse necessario. Entrambi promettemmo a mamma scrofa che saremmo diventati vegetarianai. Non sono mai più tornato in quell'allevamento intensivo.

Ci occorse qualche anno per diventare completamente vegetariani. A quel tempo, vivevamo in una comunità molto rurale, in una minuscola casa opposta a due ristoranti delle catene Hardee's hamburger e Dairy Queen, rispettivamente. Dal nostro salotto, potevamo leggere il menu gigantesco esposto proprio dietro al bancone. Conoscevamo solo due vegetariani e non avremmo udito la parola "vegan" se non in altri due anni. Malgrado ciò, perseverammo e continuammo lungo il nostro cammino — rifiutandoci di comperare carne, ma mangiandola ancora con familiari ed amici. Questo è il potere della società in cui siamo immersi: sapevamo che questo era sbagliato, che andava contro quello in cui credevamo, ma, ancora una volta, ci era difficile rispettare questi nostri principi.

In seguito, la notte di San Silvestro del 1989, dopo esserci entrambi laureati ed aver lasciato lo stato, tirammo fuori un pacco di bistecche dal congelatore. Queste erano state un regalo di Natale da parte di un membro della famiglia. Cuocemmo le bistecche, ma non riuscimmo a mangiarle. Ci demmo un'occhiata reciproca…E poi guardammo quelle bistecche. Quella promessa stampata nella nostra mente: "Non facciamolo più"…Eravamo diventati vegetariani.

Poco tempo dopo, stavamo gioiosamente facendo compere nella nostra cooperativa locale che promuoveva formaggio senza caglio ed uova da allevamento all'aperto, dandoci un colpetto sulla schiena per la nostra scelta premurosa, quando una nostra amica, che per caso era vegana, ci disse: "Se siete vegetariani per gli animali, dovreste considerare di diventare vegani". Pensammo: "Che cavolo vuol dire *veghiani*?" Il suo commento ci indirizzò lungo il cammino vegano e su quello che è diventato il compito della nostra vita.

Tutto questo accadde prima dell'avvento di Internet. L'unico latte vegetale sullo scaffale era un granuloso latte di soia, che dovevo mandare giù tappandomi il naso. Il nostro primo esperimento con seitan fatto in casa mi tenne lontano da esso per anni, poiché ritenevo che fosse una poltiglia insapore. Non esistevano formaggi o gelati vegani in commercio (che riuscissimo a trovare). E' come se, vent'anni fa, diventare vegani richiedesse un po' di volontà e scrupolo e forse ancora oggi è così, ma i tempi sono cambiati. Oggi, anche il più modesto supermercato nel Midwest, dove io sono cresciuto, offre gelati vegani, formaggi e latti vegetali, veggie-dogs, veggie-burgers e molto di più. Diventare vegani è più facile che mai.

Oggi come oggi, quasi tutti sanno cosa significhi "vegano". Sempre più persone si rendono conto perché la scelta vegan da parte del consumatore sia così importante e potente. A causa di questo cambiamento, anche il raggio d'azione del mio "volantinaggio" è variato. I miei giorni di lunghe discussioni e litigi, trascorsi a cercare di convincere le persone ad adottare lo stile di vita vegano, stanno rapidamente diventando giorni destinati ad insegnare agli appassionati dell'argomento come intraprendere questo percorso.

Oggi, la vecchia fattoria di famiglia è vuota. La nonna è morta di recente e la proprietà, probabilmente, verrà presto venduta. Ella aveva fatto regolarmente dipingere e riparare il grande granaio, mantenendo così una promessa fatta al nonno, che morì nel 1988.

Già allora, il nonno aveva intravisto che la fattoria di famiglia era diventata una cosa del passato. La proprietà agricola circostante ora si ergeva vuota, i granai stavano crollando a terra. I pochi ad essere sopravvissuti erano stati convertiti in allevamenti intensivi, dove gli animali trascorrono una vita di supplizio e reclusione.

Gli allevamenti intensivi sono luoghi così infernali, che le persone sono giunte a venerare le piccole fattorie a conduzione familiare, perché vogliono dannatamente essere dispensate dallo strazio e dall'orrore. Esse dicono a se stesse: "Non possiamo fare questo agli animali, o possiamo? Naturalmente no, guardate tutte quelle fattorie dove trattano gli animali umanamente" E si sentono bene…Per un po', ma è solamente un'altra menzogna. Ci raccontiamo solo bugie, pensando che gli animali, che usiamo e mangiamo, quasi per magia, non vengano mutilati, che le loro famiglie non vengano distrutte, che non vengano imprigionati, trascorrendo una vita alla totale mercé degli esseri umani e che non vengano privati del prezioso dono della vita.

Ovviamente, non può esistere un allevamento dove gli animali siano trattati in modo etico: ho vissuto quella realtà in prima persona e so di cosa parlo. Anche nelle fattorie a conduzione familiare — ritenute più "umane" — come quella dei miei nonni, gli animali vengono usati contro il loro volere e muoiono precocemente. Sì, possono essere vie per essere "meno crudeli", ma non "umani": si tratta solo di un'altra fandonia.

Etichettare i prodotti animali come "umani" è solo una strategia di mercato per fregare le persone che si sforzano di fare la cosa giusta. Gente che, come me, non capisce che esiste una soluzione migliore e non violenta; individui che non comprendono che mangiare animali non è "semplicemente parte della vita". Vogliamo fuggire dal dolore, dalla barbarie e lo capisco. Voglio fuggire anche io, ma gli animali non possono farlo. Fortunatamente, c'è un rimedio.

La scelta vegana offre una potente opportunità di fermare la sofferenza e la morte inflitta su altri. Il veganismo dà la possibilità di non prendere più parte a questo ciclo di squallore. La nostra libertà e la nostra redenzione sta nel non contribuire più alla sofferenza altrui. Scegliere di diventare vegano mi ha reso libero, felice e la persona che ho sempre pensato di essere, ma che non avevo ancora incontrato: qualcuno che è fiero di avere svisceratamente a cuore il prossimo.

POSTFAZIONE

E' stata una tale benedizione poter raccontare la mia storia. Per cinque anni, seduto per ore ed ore davanti al mio computer, a volte con gli occhi rossi ed incapace di addormentarmi, continuai a provare e scrivere. Anche ora, mentre mi accingo a comporre queste ultime righe, molti pensieri si accavallano nella mia mente, tutte cose che vorrei aggiungere. Tuttavia, continuo a dire a me stesso che il messaggio deve essere diffuso, altrimenti, potrei continuare ad aggiungere pagine, senza tregua.

Il veganesimo non è più un segreto, un culto, o qualcosa di "estremo" o "radicale". Non siamo più degli hippies che si nutrono solo di carote e fagioli. Noi siamo coloro a cui sta veramente a cuore il prossimo e desiderano comunicare questo messaggio d'amore alle masse.

Questo libro fu pensato per la prima volta nell'agosto del 2010, quando dissi: "Sai, devo raccontare la mia storia al mondo. Il mio risveglio ispirerà tutti".

E' triste sapere che proprio ora, mentre scrivo, milioni e milioni di animali non umani vengano massacrati vivi e che milioni e milioni di umani stanno morendo di fame per permetterci di mangiare coloro che noi macelliamo. Riuscite a vedere quando perverso sia questo meccansimo?

Malgrado ciò, ci sono buone notizie: non dobbiamo più finanziare queste atrocità. Possiamo rappresentare la minoranza che sceglie di abbracciare la compassione e condurre una vita fatta di rettitudine e bontà. Ogni giorno, migliaia di persone si votano, celebrano ed amano la vita. Anche se il cambiamento non è veloce quanto vorrei, ciononostante, stiamo facendo progressi.

Qualcosa come trent'anni fa, chi avrebbe mai immaginato, andando al supermercato, di poter trovare gelato al cocco vegan, costolette vegane e pollo vegano? Ci sono, ogni giorno, letteralmente migliaia di opzioni, versioni interamente vegetali di piatti tradizionali e ricette salutari sugli scaffali dei supermercati. Sempre più persone stanno facendo richiesta di cibo salutare. Una volta che il dieci per cento della popolazione mondiale dichiarerà di essere vegano, ci sarà un effetto domino: tutte le catene di fast food, tutti i supermercati ed tutti i ristoranti avranno opzioni vegane. Sta accadendo proprio ora! Nel 2011, *The Loving Hut* è stata la catena di ristoranti vegani a più alta crescita su scala globale, con più di 200 sedi nel mondo, a partire dal 2008.[1]

La soluzione è alla portata di tutti: o diventate vegani o ci estingueremo tutti. Malgrado ciò, non è così semplice. Naturalmente, avrei potuto dire a tutti, candidamente, di diventare vegani perché la loro salute, il pianeta e gli animali ne trarranno giovamento, ma a che pro fare questo, in una società che vede gli animali come dei semplici oggetti? Anche se è vero che è tutto così semplice, dovevo trovare un modo per spiegarlo alle persone. Avevo così tante idee per la testa, che dovetti davvero riscrivere e modificare questo libro molte volte. Credevo non fosse abbastanza buono. Ecco perché mi ha richiesto più tempo di quanto mi aspettassi.

Se tutto va bene, questo libro diventerà un bestseller a livello internazionale. Sebbene mi piaccia sempre pensare in grande, sarò lieto se almeno un migliaio di persone leggeranno questo mio lavoro e troveranno la motivazione per diventare attivisti vegani e cambiare il mondo. Non mi dispiacerebbe però, se un milione di persone leggesse questo libro, anzi, sarebbe ancora meglio!

Non ho mai sognato che, un giorno, sarei diventato un autore di libri: l'inglese era una delle materie in cui andavo peggio a scuola. A dire la verità, odiavo la scuola, volevo solo uscirne il prima possibile e potermi divertire, ma…Quale divertimento? Non avevo molti amici od aspirazioni nella vita e, di sicuro, non sapevo cosa volessi da essa. Svolgevo lavori di fortuna qui e là, generici lavori da manovale in catene di montaggio, in magazzini e fabbriche.

E' stato un tale piacere scrivere questo libro e, dal profondo del mio cuore, ringrazio tutti coloro che mi hanno aiutato in questo percorso e quelli di voi che lo stanno leggendo. Senza di voi, questo libro non sarebbe andato così lontano.

Dopo 10.000 anni di dominazione, possiamo ora guardare gli animali negli occhi e scongiurarli di perdonarci. Sono essi forse destinati a vivere in minuscole gabbie, od ammassati gli uni sopra gli altri, alla nostra mercé? A volte, mi viene da piangere al solo pensiero. Mentre sono qui a scrivere queste righe, milioni e milioni di loro sono imprigionati in stie, o gabbie ed il resto di loro sta aspettando di essere macellato. E' triste che io non possa salvarli tutti e che le persone non stiano aprendo gli occhi abbastanza in fretta. E' demoralizzante constatare che siamo regrediti a tal punto. Come abbiamo fatto a diventare così sadici?

La mia speranza è che tutti noi possiamo, un giorno, vivere in un mondo fatto di pace, in una specie di paradiso dell'Eden. Non possiamo più ignorare il fatto che il venagesimo, sicuramente, può salvare il mondo. Sono stato così fortunato da ricevere in dono dall'Universo la possibilità di raccontare la mia storia. La mia visione è quella di propagare il contenuto di questo libro il più lontano possibile, tra più persone possibile e solo tu puoi fare il prossimo passo evolutivo verso la pace e la libertà.

Mille grazie per aver letto questo libro. Per piacere, trasmetti il suo messaggio a più gente possibile.

Per ulteriori aggiornamenti sul mio lavoro, visitate pure il mio sito web: www.michaellanfield.com

Per il sito ufficiale sul libro ed il film, visitate: www.weareinterconnected.com

Visitate il sito della comunità vegana online "The Vegan Sandwich" (Il panino vegano), disponibile alla pagina:
http://thevegansandwich.com

BIBLIOGRAFIA

Capitolo I – Come ha avuto principio la vita: la società pastorizia

1. Tuttle, Will. Chapter 2, Our Culture's Roots, The World Peace Diet: Eating for Spiritual Health and Social Harmony. Lantern Books, 2005. Print, Page 18.

2. Herding. National Geographic Education. National Geographic Society. http://bit.ly/1FYkOtI

3. Hamilton, Richard. Agriculture's Sustainable Future: Breeding Better Crops. Scientific American. http://bit.ly/1FYljUq

4. Rensberger, Boyce. Teeth Show Fruit Was The Staple: No Exceptions Found. New York Times. May 15, 1979. Section Science Time, Page C1.

5. Greger, Michael. Calculate Your Healthy Eating Score. NutritionFacts.org Vol. 5, August 24, 2011. http://bit.ly/1G9T7U6

6. Wilford, John Noble. Some Prehumans Feasted on Bark Instead of Grasses. The New York Times, June 27, 2012. http://nyti.ms/1aILk1t

7. Human as Frugivore. http://bit.ly/1J06s1U

8. 22nd World Vegetarian Congress 1973, Ronneby Brunn, Sweden.

9. McClellan, James Edward; Dorn, Harold. Science and technology in world history: an introduction. Johns Hopkins University Press. Print. Page 11. http://bit.ly/1JkfLq9

10. Hunting: The Murderous Business - Anti-Hunting - In Defense of Animals. http://bit.ly/1DTsfE4

11. Mahon KL, Escott-Stump. Krause's Food, Nutrition, and Diet Therapy. 9th edition W.B. Saunders Co., 1996.

12. Mills, Milton. The Comparative Anatomy of Eating. http://bit.ly/1byDGrE

13. Greger, Michael. Infectious Diseases, Climate Change, Influenza. https://youtu.be/G20cooZOiYE

14. MacKenzie D. Genes of deadly bird flu reveal Chinese origin. New Scientist, 2006. http://bit.ly/1Fh3tjF

15. Greger, Michael. Extreme Remedies are the most appropriate for extreme diseases, Bird Flu Book Online http://bit.ly/1Jy5WoP

16. Greger, Michael. Bird Flu: A Virus of Our Own Hatching. Lantern, 2006. Print. Page 346.

17. Greens/EFA in the European Parliament. 2004. Avian influenza and the globalized food trade: EU must act to halt global food diseases. News release, January 27.

18. Greger, Michael. Infectious Diseases, Climate Change, Influenza. https://youtu.be/G20cooZOiYE

19. Ibid.

Capitolo II – Distruzione ambientale

1. Hamilton, Tracey. Pythagoras' Views on Female, Animal, and Plant Rights: The Path to Ecocentrism and Enlightenment. Professor Kenneth Dorter, Print.
2. International Panel for Sustainable Resource Management, Assessing the Environmental Impacts of Consumption and Production, United Nations Environment Programme 2010. http://bit.ly/1K9ympY
3. Steinfeld, H., Gerber P., Wassenaar, T., Castel, V., Rosales, M. & Haan, C., Livestock's Long Shadow: Environmental Issues and Options, Rome, Food and Agriculture Organization of the United Nations, xxi. 2006.
4. Goodland, Robert, and Jeff Anhang. Livestock and Climate Change. World Watch Institute, Page 11. Print., November/December 2009
5. Ching Hai, Supreme Master. From Crisis to Peace - The Organic Vegan Way Is the Answer. The Supreme Master Ching Hai Association, 2010, 2011. www.crisis2peace.org
6. Eighty Percent of Global Warming Would Stop If World Goes Veg. SOS Global Warming. Supreme Master Television, July 3, 2008. http://bit.ly/1JyecVU
7. Bell, Dan. The Methane Makers. BBC News. October 28, 2009. http://bbc.in/1IN4mzq
8. A Delicate Balance - The Truth. Aaron Scheibner. Phoenix Philms, 2008. DVD. www.adelicatebalance.com.au
9. Reducing Shorter-Lived Climate Forcers through Dietary Change. World Preservation Foundation, Page 8. http://bit.ly/1FhaBfS
10. Hertwich, E., van der Voet, E., Suh, S., Tukker, A, Huijbregts M., Kazmierczyk, P., Lenzen, M., McNeely, J., Moriguchi, Y., UNEP Assessing the Environmental Impacts of Consumption and Production: Priority Products and Materials, A Report of the Working Group on the Environmental Impacts of Products and Materials to the International Panel for Sustainable Resource Management. Page 82.
11. A Life Connected: Vegan. Bear, Matt. Nonviolenceunited.org http://veganvideo.org
12. Wodzak, Mango. Eden Fruitarianism: Environmental Issues Destination Eden. Lulu Press Inc., 2013. 122. Print.
13. Thirsty Food: Fuelling Agriculture to Fuel Humans. National Geographic. http://on.natgeo.com/1QoSzwm
14. Global Meat Production and Consumption Continue to Rise. Worldwatch Institute, October 11, 2011. http://bit.ly/1JkfLq9

15. How Much Water to Make a Pound of Beef? How Much Water to Make a Pound of Beef? Vegsource.com, March 1, 2001.
http://bit.ly/1I0tNiI

16. Goodland, Robert, and Jeff Anhang. Livestock and Climate Change. Worldwatch Insitute, November-December 2009.
http://bit.ly/1byPBpA

17. Food and Agriculture Organization of the United Nations. Livestock's Long Shadow – Environmental Issues and Options. Rome. 2006.
http://bit.ly/1HsDOWT

18. How Fruits Will Save the World: The Sweet, Simple Solution. FoodNSport, December 28, 2012. https://youtu.be/oLKKVBCE2nI

19. Food and Agriculture Organization of the United Nations. Livestock's Long Shadow – Environmental Issues and Options. Rome. 2006.
http://bit.ly/1HsDOWT

Capitolo III – Implicazioni per la nostra salute

1. Greger, Michael. Lose Weight Without Losing Your Health —or Your Life. Atkins Exposed. 6th Edition Volume 2. Page 35. Reprinted from Dr. Greger's free monthly newsletter: Latest in Human Nutrition, June 2004.

2. Wodzak, Mango. Destination Eden. Lulu, 2013. Print.
http://amzn.to/1OipGnb

3. CBAN - Canadian Biotechnology Action Network. GE Crops and Foods (On the Market) / Topics / Resources / Take Action. CBAN (The Canadian Biotechnology Action Network). http://bit.ly/1FhT8DU

4. Labeling. Labeling / Topics / Resources / Take Action. CBAN - Canadian Biotechnology Action Network, http://bit.ly/1Pq9ahV

5. Campbell, T. Colin, and Thomas M. Campbell. Lessons From China. The China Study: The Most Comprehensive Study of Nutrition Ever Conducted and the Startling Implications for Diet, Weight Loss and Long-term Health. Dallas, TX: BenBella, 2005. 79. Print.

6. Scheibner, Aaron. Cancer Grows in Three Stages. A Delicate Balance - The Truth. Phoenix Philms, 2008. PDF. Page 36.

7. Foods: Powerful for Health. PCRM (Physicians Committee for Responsible Medicine). http://bit.ly/1Gn7th2

8. Barnard, Neal, and Jennifer Raymond. Chapter 10: Cancer Pain. Foods That Fight Pain: Revolutionary New Strategies for Maximum Pain Relief. Harmony, 1998. Print Page 291.

9. Ibid. Page 78.

10. Freeman, Mason W., and Christine Junge. The Harvard Medical School Guide to Lowering Your Cholesterol. McGraw-Hill, 2005. Print.

11. Greger, Michael, MD. Mitochondrial Theory of Aging. NutritionFacts.org, December 28, 2010. http://bit.ly/1INQPro

12. 40 Year Vegan Dies of a Heart Attack! Why? The Omega-3 and B12 Myth with Dr. Michael Greger. 2003. http://youtu.be/q7KeRwdIH04

13. Campbell, T. Colin, and Thomas M. Campbell. Lessons From China. The China Study: The Most Comprehensive Study of Nutrition Ever Conducted and the Startling Implications for Diet, Weight Loss and Long-term Health. BenBella, 2005. Print. Page 80.

14. Graham, Douglas, Chapter 6. Protein: 10% Maximum. The 80/10/10 Diet: Balancing Your Weight, and Life One Luscious Bite at a Time. Key Largo: FoodnSport, 2006. Print Page 104.

15. Freedman, Rory, and Kim Barnouin. Chapter 7: The Myths and Lies About Protein. Skinny Bitch: A No-nonsense, Tough-love Guide for Savvy Girls Who Want to Stop Eating Crap and Start Looking Fabulous! Running, 2005. Print. Page 85.

16. Barnard, Neal, and Jennifer Raymond. Chapter 1: Oh, my Aching Back! Foods That Fight Pain: Revolutionary New Strategies for Maximum Pain Relief. Harmony, 1998. Print. Page 48.

17. Graham, Douglas, Chapter 6. Protein: 10% Maximum. The 80/10/10 Diet: Balancing Your Weight, and Life One Luscious Bite at a Time. Key Largo: FoodnSport, 2006. Print. Pages 99 - 102.

18. Campbell, T. Colin, T. Colin Campbell Promoting The 80/10/10 Diet. https://youtu.be/l9F_2aQnSnI

19. Protein and Amino Acid Requirements in Human Nutrition. WHO/FAO/UNU Expert Consultation, 2002, 2007. http://bit.ly/1yYg9uT

20. Graham, Douglas N. Chapter 6. Protein: 10% Maximum. The 80/10/10 Diet: Balancing Your Weight, and Life One Luscious Bite at a Time. Key Largo: FoodnSport, 2006. Print. Page 108.

21. Gale Jack, Osteoporosis: The Silent Threat, Macrobiotics Today. March/April 1992, Vol. 32, No. 2

22. The Protein Myth with Running Raw Project: Tim Van Orden. March 19, 2008. https://youtu.be/ae-dlHOmwk4

23. Scheibner, Aaron. Protein. A Delicate Balance - The Truth. Phoenix Philms, 2008. PDF. Page 33.

24. Ibid. Page 19.

25. Graham, Douglas, Chapter 7. Fat: 10% Maximum. The 80/10/10 Diet: Balancing Your Weight, and Life One Luscious Bite at a Time. Key Largo: FoodnSport, 2006. Print. Pages 110-112.

26. Ibid. Page 114.

27. Prenatal Nutrition Guidelines for Health Professionals - Fish and Omega-3 Fatty Acids. Health Canada, April 28, 2009.

http://bit.ly/1yYkLB4

28. Tuttle, Will. Chapter Six: Hunting and Herding Sea Life. The World Peace Diet: Eating for Spiritual Health and Social Harmony. Lantern, 2005. Print. Page 96.

29. Scheibner, Aaron. Fish. A Delicate Balance - The Truth. Phoenix Philms, 2008. 98. Print.

30. Ibid. Page 99.

31. Plant Sources of Omega 3s. Cleveland Clinic. http://cle.clinic/1aWc2DR

32. Scheibner, Aaron. A Delicate Balance - The Truth. Phoenix Philms, 2008. 21 min. Film.

33. Barnard, Neal, and Joanne Stepaniak. Breaking the Food Seduction: The Hidden Reasons behind Food Cravings-- and 7 Steps to End Them Naturally. St. Martin's, 2003. Print. Page 53.

34. Freedman, Rory, and Kim Barnouin. Chapter 11. Skinny Bastard: A Kick-in-the-ass for Real Men Who Want to Stop Being Fat and Start Getting Buff. Running, 2009. Print.

35. Michael Greger, How Much Pus is there in Milk? NutritionFacts.org, September 8, 2011. http://bit.ly/1yYqZAQ

36. 150 times more contaminated with blood, pus and feces. Natural News. http://bit.ly/1JC0t0o

37. Barnard, Neal D., and Joanne Stepaniak. Breaking the Food Seduction: The Hidden Reasons behind Food Cravings and 7 Steps to End Them Naturally. St. Martin's, 2003. Print. Page 54.

38. Cronometer.com, https://cronometer.com

39. Addicted to Cheese and Ice Cream? The Opiate Qualities of Dairy. Free From Harm. http://bit.ly/1PC4aoH

40. Campbell, T. Colin, and Thomas M. Campbell. Turning off Cancer. The China Study: The Most Comprehensive Study of Nutrition Ever Conducted and the Startling Implications for Diet, Weight Loss and Long-term Health. BenBella, 2005. Print. Page 59.

41. Cronometer.com, https://cronometer.com

42. Greger, Michael. Is One Egg a Day Too Much? August 26, 2008. NutritionFacts.org http://bit.ly/1JimqEM

43. Health Risks and Dangers of Eating Eggs, Dherbs.com http://bit.ly/1QpJyDs

44. Scheibner, Aaron. Protein Content of Various Foods. A Delicate Balance - The Truth. Phoenix Philms, 2008. PDF. Pages 73-74.

45. Mangels, Reed. Calcium in the Vegan Diet. From Simply Vegan, 5th Edition. The Vegetarian Resource Group, http://bit.ly/1GnRlyS

46.   Mangels, Reed. Iron in the Vegan Diet. From Simply Vegan, 5th Edition. The Vegetarian Resource Group, http://bit.ly/1QpQ0dA

47.   Veganism in a Nutshell – Vegan Nutrition. The Vegetarian Resource Group. http://bit.ly/1Pr7LrA

48.   Greger, Michael. Preventing the Most Common Diseases, Dr. Michael Greger, 2013. https://youtu.be/5bcdCPOXm8o

49.   Vegan Starter Kit. IDA / Mercy for Animals. 2007. Page 2. http://bit.ly/1Ekc2t8

Capitolo IV– Allevamenti intensivi

1.   Quote by Issaac Bashevis Singer. goodreads. http://bit.ly/1HxSKkW

2.   Ching Hai, Supreme Master. Chapter 3: Gove Life to Save Life. From Crises to Peace: The Organic Vegan Way is the Answer. Online. http://bit.ly/1I1vsVa

3.   Facts and Figured, PhilipLymbery.com. http://bit.ly/1QpWiKl

4.   Farm Animals. Animal Alliance of Canada. http://bit.ly/1EwLff5

5.   FARM - Benefits of Vegan. Farm Animal Rights Movement (FARM). http://bit.ly/1Go4hEG

6.   Don't Buy the Myth. Humanemyth.org. http://bit.ly/1JixXUz

7.   Fowl Play Movie: A Documentary about the Egg Industry. Mercy for Animals, 2008. http://fowlplaymovie.com

8.   Welfare Issues for Egg laying Hens, Compassion in World Farming. http://bit.ly/1DVRx4z

9.   Lin, Doris. What Is Forced Molting? About.com Animal Rights. http://abt.cm/1Dplszu

10.   Farm to Fridge. Mercy for Animals. February 3, 2011. https://youtu.be/ju7-n7wygP0

11.   Ibid.

12.   Broilers, Wikipedia. http://bit.ly/1bzoz15

13.   Life Span of a Pet Chicken, Backyard Chickens. http://bit.ly/1PrStTw

14.   Turkeys - Woodstock Farm Animal Sanctuary. http://bit.ly/1zSKaqH

15.   Broilers, Wikipedia. http://bit.ly/1bzoz15

16.   5 Incredibly Intelligent Animals. Readers Digest Canada. http://bit.ly/1DpE1Ue

17.   Perry, Joellen and Jacoby, Mary. These Little Pigs Get Special Care From Norwegians, *The Wall Street Journal*, August 6, 2007.

18.   Chapter 4: The Pig - Unit 33: Castrating the Piglet. Food and Agriculture Organization of the United Nations. http://bit.ly/1zSVOSu

19.   Earthlings. By Shaun Monson. Narration Joaquin Phoenix. Music, Moby. 2005. DVD.

20.   Ibid.

21. Ibid.
22. Farm Animals and Us. CIWF. https://youtu.be/RpzpUeJ9HA8
23. How to Artificially Inseminate Cows and Heifers. WikiHow. http://bit.ly/1JAbKOJ
24. Simultaneous Lactation and Pregnancy. Viva! http://bit.ly/1Go9bin
25. Lyman, Howard and Merzer, Glen. Mad Cowboy: Plain Truth from the Cattle Rancher Who Won't Eat Meat. Scribner, 1998. http://amzn.to/1aWW10g
26. Cow's Milk and the Problems with It, Beautiful Vegan. http://bit.ly/1HyyEXI
27. Dairy: Slaughter and Disease, Liberation BC. http://bit.ly/1JAegV2
28. Peaceable Kingdom: The Journey Home. Director Jenny Stein. Producer James La Veck. Performer Harold Brown, Howard Lyman, Cayce Mell, Cheri Ezell-Vandersluis, Willow Jeane Lyman, Jim Vandersluis and Jason Tracy. Tribe of Heart, 2009. DVD.
29. Earthlings. By Shaun Monson. Narration, Joaquin Phoenix. Music, Moby. 2005. DVD. 21:20 min.
30. Food: Is Veal Cruel? BBC http://bit.ly/1GocZjI
31. Peaceable Kingdom: The Journey Home. Director Jenny Stein. Producer James La Veck. Performer Harold Brown, Howard Lyman, Cayce Mell, Cheri Ezell-Vandersluis, Willow Jeane Lyman, Jim Vandersluis and Jason Tracy. Tribe of Heart, 2009. DVD. 27:10 min.
32. Animal Cruelty - Dairy. Vegan Peace. http://bit.ly/1OjColv
33. Cage-Free Eggs: The Faces of Free Range, HumanMyth.org http://bit.ly/1d7DhNi
34. Don't Buy The Myth! Humanemyth.org. http://bit.ly/1JixXUz
35. A Comparison of Regulations for the Transport of Farm Animals in Canada, The United States and the European Union. Getcrackingcruelty.ca http://bit.ly/1DiAypb
36. Top 10 Reasons Not to Eat Pigs. All-Creatures.org. http://bit.ly/1EtB99u
37. Ohio Dairy Farm Brutality. Mercy for Animals, May 25, 2010. https://youtu.be/gYTkM1OHFQg
38. Humane, Oxford Dictionary. http://bit.ly/1Elhxb3
39. Humane Myth Glossary: Humane Slaughter, HumaneMyth.org. http://bit.ly/1aX1X9M
40. Duck and Geese, My Vegan Mind. http://bit.ly/1d7Kqxc
41. Antibiotic Resistance, NRDC http://on.nrdc.org/1FiXE52
42. Peaceable Kingdom: The Journey Home. Director Jenny Stein. Producer James La Veck. Performer Harold Brown, Howard Lyman, Cayce Mell, Cheri Ezell-Vandersluis, Willow Jeane Lyman, Jim Vandersluis and Jason Tracy. Tribe of Heart, 2009. DVD. 8:15 min.

43. Hamilton, Tracey. Pythagoras' Views on Female, Animal, and Plant Rights: The Path to Ecocentrism and Enlightenment. Professor Kenneth Dorter, Print

44. Leo Tolstoy at Brainy Quotes. http://bit.ly/1PsLkCj

Capitolo V – Gli oceani, la nostra ancora di salvezza

1. Paul Watson and Joseph Connelly, The VN Interview: Captain Paul Watson, VegNews, March–April 2003, Page 25.

2. Paul Watson Brave Guardian of the Sea, Parts 1+2. Supreme Master Television. https://youtu.be/vKiYOguoCPQ 15 min.

3. Estimate of Fish Numbers. fishcount.org.uk. http://bit.ly/1GhPgPC

4. Worm, B. Science, November 3, 2006; Volume 314: Pages 787-790.

5. Sharkwater. Director Rob Stewart. Producer Rob Stewart. Performer Rob Stewart, Captain Paul Watson. Freestyle Releasing, 2006/07. DVD.

6. Commercial Fishing, Food Empowerment Project. http://bit.ly/1HCjMHO

7. Professor Victoria Braithwaite. Pain in Fish. http://bit.ly/1Kfmx1F

8. Do Fish Feel Pain? Stop Animal Cruelty Series on Supreme Master TV. https://youtu.be/Wk7AuWkvtxE

9. Kent, Barry MacKay. Catch and Release, Animal Issues, Spring 2003. Page 20

10. Fish Exploited for Food Suffer like Mammals and Birds, Free From Harm. http://bit.ly/1DmnjUB

11. Unconscionable Cruelty Behind Meat An Interview with Dr. Jeffrey Masson. Supreme Master Television. December 11, 2010. https://youtu.be/PouONmw-q48

12. Tuttle, Will. Chapter Fourteen, Journey of Transformation. The World Peace Diet: Eating for Spiritual Health and Social Harmony. Lantern, 2005. Print. Page 257.

13. Canada's Commercial Seal Slaughter 2009. IFAW, International Fund for Animal Welfare, 2009. Web. 9 Mar. 2014. http://bit.ly/1DJK1GM

14. Seal Hunt Quotas (Total Allowable Catch, TAC) and Official Numbers of Seals Killed Over the Years. Harpseals.org http://bit.ly/1z3Uhhu

15. More Than 98 Percent of Seals Killed at Less Than Three Months of Age, Humane Society International/Canada. http://bit.ly/1zY8w2q

16. Cove Guardians. Sea Shepherd Conservation Society. http://bit.ly/1OnV8R4

17. Earthlings. Dir. Shaun Monson. Performer Joaquin Phoenix, Moby. 2005. 45:54 min.

18. Sharkwater. Director Rob Stewart. Producer Rob Stewart. Performer Rob Stewart, Captain Paul Watson. Freestyle Releasing, 2006/07. DVD

Capitolo VI– Le religioni nel mondo e le tradizioni spirituali

1. Neurolove.me. http://bit.ly/1z2nWaF
2. List of Religious Populations. Wikipedia. http://bit.ly/1DpJlWD
3. Jain Vegetarianism. Wikipedia. http://bit.ly/1QwIwpk
4. Plutarch, de Esu Carn. Pages 993, 996, 997
5. Pythagoreanism. Wikipedia. http://bit.ly/1GlBJq9
6. http://bit.ly/1z9bTc0
7. http://bit.ly/1dgFfLp
8. http://bit.ly/1OULGQ1
9. History of Vegetarianism – Plutarch. International Vegetarian Union (IVU). http://bit.ly/1dgId2s
10. The Ten Commandments. The Holy Bible: King James Version. Hendrickson, 2004. Print. Page 1358.
11. Exodus 20:13. The Holy Bible: King James Version. Hendrickson, 2004. Print N. 97
12. Deuteronomy 5:17. The Holy Bible: King James Version. Hendrickson, 2004. Print. Page 245.
13. Genesis 9:4. The Holy Bible: King James Version. Hendrickson, 2004. Print. Page 10.
14. Romans 15:21. The Holy Bible: King James Version. Peabody, MA: Hendrickson, 2004. Print. Page 1359.
15. Genesis 1, American Bible Society. http://bit.ly/1J12MKk
16. Genesis 1:26. The Holy Bible: King James Version. Peabody, MA: Hendrickson, 2004. Print. Page 2.
17. Dominion. The Free Dictionary. Farlex, http://bit.ly/1PGHTYX
18. FAQ: Starter Guide. Vegan Outreach. http://bit.ly/1z9rvMA

Capitolo VII – Altri modi di sfruttare gli animali

1. Cat. Wikipedia. http://bit.ly/1J19WOB
2. Dog. Wikipedia. http://bit.ly/1EG5wyP
3. V-dog - For Pooch & Planet. http://v-dog.com
4. Amì Pet Food - The Natural Choice. www.amipetfood.com
5. Vegan Pet Food, Vegan Dog Food, Vegan Cat Food. Evolution Diet Pet Food Inc. http://petfoodshop.com
6. Dead Cats And Dogs Used To Make Pet Food, rense.com. http://bit.ly/1IcRm89
7. Animal Cruelty - Fur. Vegan Peace. http://bit.ly/1Gx45mA
8. Fur Farms, Fur Free Alliance. http://bit.ly/1J1rqua
9. Dog and Cat Fur. Fur-Bearer Defenders. http://bit.ly/1KkPycg
10. Earthlings. Director, Shaun Monson. Performer, Joaquin Phoenix, Moby. 2005. 46:24 – 51:34 min.

11. Skin Trade. Director, Shannon Keith. Uncaged Films, 2010.

12. Ibid.

13. Ibid.

14. Earthlings. Director, Shaun Monson. Performer, Joaquin Phoenix, Moby. 2005. 50:51 min.

15. Ibid. 51:13 – 51:49 min.

16. Live Plucking of Ducks for Down, http://bit.ly/1bIudOw

17. Cruel Truth of how Angora Rabbit Fur is Removed. https://youtu.be/5TmQ_t_Lf28

18. US' Investigation: Sheep Killed for Wool. https://youtu.be/eLo1KeYCjpk

19. Fast Facts: Silk, Your Daily Vegan. http://bit.ly/1FoSMvx

20. Skin Trade. Dir. Shannon Keith. Uncaged Films, 2010. DVD.

21. Carman, Judy. Chapter Two: The Awakening of Humanity to Compassion. Peace to All Beings: Veggie Soup for the Chicken's Soul. Lantern, 2003. Print. Page 45.

22. Animals Exploited for Entertainment (Circuses), OCPA. http://bit.ly/1DqD50Q

23. The Romance and Reality of Bullfighting, Encyclopædia Britannica. http://bit.ly/1bIyhyt

24. Vivisection. Wikipedia. http://bit.ly/1IcXb5j

25. Moving Beyond Animal Research, PCRM. http://bit.ly/1HL4G4r

26. Product Testing: Animal Testign Science and Facts, Vivisection Information Network. http://bit.ly/1Gw5Uxn

27. Animals and Product Testing, National Anti-Vivisection Society. http://bit.ly/1J1NPHP

28. Alternatives to Animal Testing and Research. New England Anti-Vivisection Society. http://bit.ly/1FpTjx6

29. Correspondent, Fiona Macrae Science. Food Giants Caught in Animal Testing Scandal. Mail Online. Associated Newspapers, 20 June 2013. http://dailym.ai/1Gn5NSi

30. Companies That Still Test on Animals. The Vegetarian Site. http://bit.ly/1EaITiR

31. Quote by Mark Twain. GoodReads. http://bit.ly/1A3CIsP

32. What Are Alternatives to Animal Testing? Vegetarian Times. http://bit.ly/1DAUp4A

Capitolo VIII– Diritti Umani

1. Famous Vegans - Michael Greger. Vegan Peace. http://bit.ly/1zcjkiq

2. Why People Must Be Vegetarian. The Supreme Master Ching Hai International Association. http://bit.ly/1J2hznT

3. Meat: Now It is Not Personal! World Watch Institute, Excerpted from the July/August 2004 World Watch Magazine. http://bit.ly/1JJlDd0

4. Tuttle, Will. Chapter Three: The Nature of Intelligence. The World Peace Diet: Eating for Spiritual Health and Social Harmony. Lantern, 2005. Print. Page 37.

5. Ibid. Page 22.

6. A Case for the World Peace Diet with Vegan Author Dr. Will Tuttle. Supreme Master Television http://youtu.be/gzu9P-nwN10

7. Pimentel, David. Energy Inputs in Food Crop Production in Developing and Developed Nations. January 16, 2009. http://bit.ly/1EaLWYc

8. Pimentel, David.U.S. Could Feed 800 Million People with Grain That Livestock Eat, Cornell Ecologist Advises Animal Scientists | Cornell Chronicle. Cornell University. August 1, 1997. http://bit.ly/1DAX527

9. Tich Nhat Hanh, Eating for Peace - the Art and Science of Mindful Consumption. Earth Save. http://bit.ly/1JuwlXS

10. A Life Connected: Vegan. Nonviolence United. http://veganvideo.org

11. Tomasko, Felicia. Sitting Down With: Will Tuttle. LA Yoga Ayurveda and Health Magazine. http://bit.ly/1b5fz2H

12. Tuttle, Will M. Chapter Three: As We Sow, So Shall We Reap. The World Peace Diet: Eating for Spiritual Health and Social Harmony. Lantern, 2005. Print. Pages 46-47.

13. Eisnitz, Gail. Slaughterhouse: The Shocking Story of Greed, Neglect, and Inhumane Treatment inside the U.S. Meat Industry. Prometheus, 1997, 2007. Print.

14. Schlosser, Eric. The Chain Never Stops, Mother Jones, July-Aug. 2001. http://bit.ly/1Gnev31

15. Lance Gompa, professor of industrial and labor relations at Cornell University, lead researcher in Human Rights Watch's report Blood Sweat, and Fear: Workers' Rights in U.S. Meat and Poultry Plants, January 2005.

16. Steven Greenhouse, Human Rights Watch Report Condemns U.S. Meat Packing Industry For Violating Basic Human And Worker Rights, New York Times, January 25, 2005.

17. Eisnitz, Gail. Slaughterhouse: The Shocking Story of Greed, Neglect, and Inhumane Treatment inside the U.S. Meat Industry. Prometheus, 1997, 2007. Print. Page 62.

18. Animal: Definition of Animal in Oxford Dictionary. Oxford University Press. http://bit.ly/1JJr9MG

19. http://bit.ly/1z4c33R

Capitolo IX– Celebrità con uno stile di vita compassionevole

1. Talk:List of Vegans/Temp: Disputed Cases. Wikipedia.

http://bit.ly/1OX7J8G

2. Ellen Pompeo Talks Backyard Chickens on Ellen. MNN Holdings, LLC. http://bit.ly/1J2pB06
3. Silverstone, Alicia. The Kind Diet. Rodale, 2011. Print.
4. List of Vegans. Wikipedia. http://bit.ly/1GwLYug

Capitolo X– Coloro che non sono vegani
1. Kijiji. www.kijiji.ca
2. Craigslist. www.craigslist.org
3. History of Tofu. Soya.be http://bit.ly/1bvbCor
4. The Law of Vibration. Camillo Loken. http://bit.ly/1b5lBQZ
5. Blog: Food and Vibrational Frequency. HealingThruFood. http://bit.ly/1EvBvjx
6. Extremism. Wikipedia. http://bit.ly/1zcEf50
7. Morality. Wikipedia. http://bit.ly/1HJaz0F
8. Benjamin Zephaniah | Interviews and Features | Vegetarian Living Magazine. Vegetarian Living. http://bit.ly/1zcFiBV

Capitolo XI – Le piante soffrono?
1. Plant Perception (a.k.a. the Backster Effect). The Skeptic's Dictionary. http://bit.ly/1JJu4op
2. The World Peace Diet. An Interview with Dr. Will Tuttle. Animal Advocate Inc. https://youtu.be/Zb-NzViPGnk
3. FAQ: Starter Guide. Vegan Outreach. http://bit.ly/1HJbDBA

Capitolo XII – L'amore è la risposta
1. Spiritual Inspiration Quotes. The Supreme Master Ching Hai International Association. http://bit.ly/1b7OQTe
2. Peaceable Kingdom: The Journey Home. Director Jenny Stein. Producer James LaVeck. Tribe of Heart, 2009. DVD. 1hr. 12min.
3. Vegucated. Director Marisa Miller Wolfson. Kind Green Planet, 2011. DVD.
4. Halbfass, Wilhelm. Karma und Wiedergeburt im indischen Denken, Diederichs, München, Germany, 2000.
5. Lawrence C. Becker & Charlotte B. Becker, Encyclopedia of Ethics, 2nd Edition, Hindu Ethics. Page 678.
6. Peaceable Kingdom: The Journey Home. Dir. Jenny Stein. Prod. James LaVeck. Tribe of Heart, 2009. DVD. Edited quote of Harold Brown through email contact.
7. King, Martin Luther, Jr. Loving Your Enemies. Class of Nonviolence. Lesson For: Essay Two. SalsaNet. http://bit.ly/1IgMNcZ

1. Carman, Judy. Peace to All Beings: Veggie Soup for the Chicken's Soul. Lantern, 2003. 111. Print.

2. Albert Einstein, letter dated 1950, quoted in H. Eves, Mathematical Circles Adieu, 1977

3. O'Neil, Dennis. What Is Anthropology: Overview. Palomar Community College District. http://bit.ly/1OZLBKJ

4. A Very Wise Old Man Has Something to Say... Humans Are a Tropical Species. http://bit.ly/1Eg4433

5. Letter from Cesar Chavez Regarding Nonviolence Toward Animals. http://bit.ly/1z7BuBA

6. Extracts from some journals 1842-48 - the earliest known uses of the word 'vegetarian' Compiled by John Davis http://bit.ly/1DEun0k

7. Donald Watson. Wikipedia. http://bit.ly/1QCc0C4

8. Memorandum Of Association Of The Vegan Society. The Vegan Society. Page 1, clause 3. http://bit.ly/1EKVNHI

9. Lacto-ovo Vegetarians. Wikipedia. http://bit.ly/1b7UaWt

10. The Straight Dope: Is Honey Really Bee Vomit? http://bit.ly/1DvftYV

11. Prabhupada, A.C. Bhaktivedanta Swami. Why We Don't Eat Meat. Why We Dont Eat Meat. http://bit.ly/1J5dpvw

12. Cesar Chávez: A Champion of Animal Rights, IDA USA. https://youtu.be/opAhAh1dyW0

13. Anatole France. http://bit.ly/1OxaToQ

14. Charles Darwin Quotations. Archive From All-creatures.org. http://bit.ly/1zhdHzK

Capitolo XIII– La transizione a vegan

1. Dalrymple, G. Brent. The age of the Earth in the twentieth century: a problem (mostly) solved. Special Publications, Geological Society of London. 2001, 190 (1): Pages 205–221.

2. Manhesa, Gérard; Allègre, Claude J.; Dupréa, Bernard; and Hamelin, Bruno (1980). Lead isotope study of basic-ultrabasic layered complexes: Speculations about the age of the earth and primitive mantle characteristics. 47 (3): Pages 370–382.

3. Tuttle, Will. Chapter One: Food's Power. The World Peace Diet: Eating for Spiritual Health and Social Harmony. New York: Lantern, 2005. Print. Pages 11-12.

4. Freston, Kathy. Eating Vegan on the Cheap. The Huffington Post. TheHuffingtonPost.com 28 Mar. 2011. http://huff.to/1EL28Tn

Capitolo XIV – Perché essere compassionevoli

1. Farm to Fridge. Mercy for Animals. https://youtu.be/ju7-n7wygP0

2. 10 Billion Lives. FARM, Farm Animal Rights Movement. www.10billionlives.com

Capitolo XV – La carne ci uccide - il veganismo ci salva

1. Lin, Doris. What's Wrong with Grass-Fed Beef? About.com Animal Rights. http://abt.cm/1GVH6fX
2. Nearly Two Billion People Worldwide Now Overweight. Worldwatch Institute. June 14, 2011. http://bit.ly/1GVHhbf
3. Pimentel, David: Agriculture and Food Problems. Principles of Environmental Sciences. 2009, Pages 513 – 516. http://bit.ly/1P8DjWx
4. Global Meat Production and Consumption Continue to Rise. Worldwatch Institute. http://bit.ly/1JWNg5K
5. Global and Regional Food Consumption Patterns and Trends. World Health Organization, WHO. http://bit.ly/1ElYJot
6. Rifkin, Jeremy. Feed the World. VIVA, Guide 12, Second Edition, 2006. http://bit.ly/1Ioj4zU
7. The State of the Planet's Biodiversity. World Environment Day 2010. United Nations Environment Programme. http://bit.ly/1dU4mnB
8. The Carbon Cycle: Feature Articles. The Earth Observatory: EOS Project Science Office. http://1.usa.gov/1IojGWi
9. Animal Product Consumption and Mortality Because of All Causes Combined, Coronary Heart Disease, Stroke, Diabetes, and Cancer in Seventh-day Adventists. National Center for Biotechnology Information. U.S. National Library of Medicine, Sept. 1988. Pages 739 - 748. http://1.usa.gov/1GVIPlv
10. A Delicate Balance: The Truth. Pheonix Philms, 2008. DVD.
11. Bycatch, Wikipedia. http://bit.ly/1KuYjQx
12. Paul Watson Brave Guardian of the Sea (Parts 1+2). Supreme Master Television, 11 July 2011. https://youtu.be/vKiYOguoCPQ
13. Toxins in Fish, Sea The Truth. http://bit.ly/1P8IiGz
14. Cooke, Steve. Pain and Suffering in Nonhuman Animals. http://bit.ly/1Kv0lA9
15. Humane Myth Glossary: Humane Slaughter. Humane Myth, http://bit.ly/1zT8PkA

Capitolo XVI – Fruttarianesimo: il Giardino dell'Eden

1. Wodzak, Mango. Eden Fruitarianism. Destination Eden. Lulu Press Inc., 2013. Print. Page 109.
2. Graham, Douglas. How Fruits Will Save the World: The Sweet, Simple Solution. FoodnSport. https://youtu.be/oLKKVBCE2nI

3. Graham, Douglas. Environment. Grain Damage. 2005 edition. FoodnSport: Food for Thought, 1998. Print. Page 37.
4. Wodzak, Mango. Eden Fruitarianism: Ethical Food Tower. Destination Eden. First Edition Lulu Press, 2013. Print. Page 116
5. Food Packaging and Its Environmental Impact. Food Technology Magazine April 2007. http://bit.ly/1Fc9UGa
6. Cho, Renee. What Happens to All That Plastic? – State of the Planet. State of the Planet. Earth Institute, Columbia University, January 31, 2012. http://bit.ly/1ANmC77
7. The Plastic Cow. Karuna Society for Animals and Nature, April 20, 2012. https://youtu.be/SifRIYqHfcY
8. Raw Till 4: Official Facebook Group. www.rawtill4.com

Capitolo XVII– Il percorso verso la compassione

1. Dairy and Ear Infections: Is There an Association? NutritionFacts.org, November 8, 2012. http://bit.ly/1dUbfW2
2. Hertzler SR, Huynh BCL, Savaiano DA. How much lactose is low lactose? Journal of the American Dietetic Association. March 1996. Pages 243 - 246.
3. Lin, Doris. Vegans and Honey: Why Vegans Don't Eat Honey. About.com Animal Rights. http://abt.cm/1J009uk
4. Wodzak, Mango. Eden Fruitarianism: Topsy-Turvey World.
5. Destination Eden. First Edition. Lulu Press, 2013. Print. Page 213.
6. Balcombe, Jonathan. They Think, Feel Pain. PCRM, Physicians Committee for Responsible Medicine / The Miami Herald, November 10, 2006. http://bit.ly/1FcdEre
7. Prêmio Brilhante Herói Mundial Dr. Will Tuttle – Para Os Animais, a Humanidade E a Paz Mundial. Will Tuttle on Supreme Master Television. http://bit.ly/1ANqQvB
8. Earthlings. Dir. Shaun Monson. Performer Joaquin Phoenix, Moby. Nation Earth, 2005. DVD
9. Peaceable Kingdom: The Journey Home. James LaVeck and Jenny Stein. Tribe of Heart, 2009. DVD.
10. Tuttle, Will M. The World Peace Diet: Eating for Spiritual Health and Social Harmony. Lantern, Print. 2005. Print.
11. Carman, Judy. Peace to All Beings: Veggie Soup for the Chicken's Soul. New York, Lantern, Print. 2003.
12. Labeling. CBAN, The Canadian Biotechnology Action Network, May 9, 2015. http://bit.ly/1Pq9ahV
13. Animal Ingredients and Products. The Vegan Sandwich. Last updated March 1, 2015. http://thevegansandwich.com/?p=95
14. Animal Cruelty: Dairy. Vegan Peace. http://bit.ly/1OjColv

15. Ibid.
16. Gems From the Great Health Debate with Dr. Will Tuttle and Sally Fallon. Maria's Blog - The Green Smoothie Challenge. http://bit.ly/1JzZfD9
17. The Price of Milk/Dairy - Separation of a Cow and Her Calf. France 3. https://youtu.be/SYJPbrxdn8w
18. Come from a Grieving Mother Pamphlet. Peaceful Prairie Sanctuary. http://bit.ly/1APkpbd
19. Holmberg, Marta. Are Eggs Chicken Periods? A Nurse Gives the Lowdown. Peta2.com, February 4, 2015. http://bit.ly/1Pbk7qV
20. United Poultry Concerns (UPC). www.upc-online.org
21. Davis, Karen, PhD. The Perils and Pleasures of Urban Backyard Chicken-Keeping. United Poultry Concerns [UPC]. The Sacramento Bee, March 25, 2010 Portland Press Herald (Maine), March 28, 2010. http://bit.ly/1H7VmF6
22. Davis, Karen, PhD. UPC Letter Regarding the Keeping of Chickens and Goats for Eggs and Milk in Long Beach. United Poultry Concerns, July 19, 2012. http://bit.ly/1H7VKTV
23. Ching Hai, Supreme Master. The Key of Immediate Enlightenment. Supreme Master Ching Hai Association, Print.
24. Page 61.
25. Animal Rights: A History Leo Tolstroy. Think Differently About Sheep. http://bit.ly/1H7Xxsc
26. Carman, Judy. Peace to All Beings: Veggie Soup for the Chicken's Soul. Lantern, 2003. Print. Pages 117-118.

Capitolo XVIII– I miei primi anni di vita

1. Zoochosis: What Really Happens to Animals in Captivity. One Green Planet. http://bit.ly/1JA5AOV
2. Animal Cruelty – Zoos, Vegan Peace. http://bit.ly/1cF02bu
3. Arnau, Anna. Zoo Lifestyle Not Suitable for Animals. Technique, June 29, 2012. http://bit.ly/1zQziyT
4. Homeschooling. Wikipedia. http://bit.ly/1Eqnv72
5. Unconditional Love. Wikipedia. http://bit.ly/1PbAZ0K

Capitolo XIX– Altre complicazioni

1. Prevalence of Tobacco Consumption. Wikipedia.
2. http://bit.ly/1GXMr6r
3. Harms of Smoking and Health Benefits of Quitting - National Cancer Institute. http://1.usa.gov/1JAaFGI
4. Martin, Terry. 599 Additives in Cigarettes. About.com.
5. http://abt.cm/1EqqiNs

6. Sustainable Table: Public Health. GRACE Communications http://bit.ly/1FXMSl5

7. Benefits of Alcohol, Drug, Meat and Smoking Bans. Supreme Master Television. http://bit.ly/1EqroJe

8. Ask the Expert: Alcohol. The Physicians Committee for Responsible Medicine, PCRM. http://bit.ly/1dVMdpw

9. Barnard, Neal. So, Is Wine in the Fruit Group? Power Foods for the Brain. Hachette Book Group, 2013. PDF First Edition. Page 87.

10. Barnard, Neal. Breaking the Food Seduction. St. Martin's, Print. 2003.

11. Decaffeinated Coffee Is Not Caffeine-free, Experts Say. University of Florida/ScienceDaily, October 15, 2006. http://bit.ly/1F0cVGq

12. Caffeine." Wikipedia. http://bit.ly/1Rsb4AK

13. Erowid Caffeine Vault: Content in Beverages. http://bit.ly/1KVvFZH

14. Herbal Tea. Definition of Herbal Tea at Dictionary.com. http://bit.ly/1zUDspM

15. Veracity, Dani. The Hidden Dangers of Caffeine: How Coffee Causes Exhaustion, Fatigue and Addiction. Natural News. October 11, 2005. http://bit.ly/1cFi3Xm

16. Stomach and Duodenal Ulcers (Peptic Ulcers). Johns Hopkins Medicine. http://bit.ly/1H8hvmB

17. Skipping a Beat - the Surprise of Palpitations. The Harvard Medical School. http://bit.ly/1QzlqNH

18. Theobroma Cacao: Overview. Encyclopedia of Life. http://bit.ly/1EqABkF

19. Jeremy Safron/John Kohler. Raw Cacao/Chocolate Is Not Health Food. November 21, 2010. https://youtu.be/wArks4mczm4

20. Theobromine. Princeton University. http://bit.ly/1F7HYS0

21. Sir Ghillean Prance, Mark Nesbitt. The Cultural History of Plants. Routledge, 2004. Pages 137, 175, 178–180.

22. Theobromine Poisoning. Wikipedia. http://bit.ly/1Hbc5tU

23. Craig, Winston J.; Nguyen, Thuy T. Caffeine and theobromine levels in cocoa and carob products. Journal of Food Science, January 1984. Volume 49, Issue 1, pages 302–303, http://bit.ly/1E0TcSS

24. Children in Cocoa Production. Wikipedia. http://bit.ly/1QzsYju

25. Slavery in the Chocolate Industry. Food Empowerment Project. http://bit.ly/1bIxSef

26. Combating Child Labour In Cocoa Growing. International Programme on the Elimination of Child Labour (IPEC), February 2005. http://bit.ly/1RswgGI

27. The Dark Side of Chocolate. 2010. www.thedarksideofchocolate.org

28. Children Found Sewing Clothing For Wal-Mart, Hanes & Other U.S. & European Companies - National Labor Committee. The Labor and Worklife Program at Harvard Law School. http://bit.ly/1Is4IyB

29. Sweatshop. Wikipedia. http://bit.ly/1HbmsxZ

30. Thirteenth Amendment to the United States Constitution. Wikipedia. http://bit.ly/1dW08Mh

31. Slavery. Wikipedia. http://bit.ly/1dW0xOP

32. New Zealand Women and the Vote. History Group of the New Zealand Ministry for Culture and Heritage. https://bitly.com/a/bitlinks

33. Australian Suffragettes. Australian Government http://bit.ly/1F0vY3m

34. Woman Suffrage. National Museum of American History. Smithsonian Institution. http://bit.ly/1E1002Z

35. Women's Right to Vote in Canada. Parliament of Canada.

36. http://bit.ly/1E10rdB

37. Women and the Vote. UK Parliament. http://bit.ly/1IuXaJY

38. The Persons Case, 1927-1929: The Famous Five. Library and Archives Canada. http://bit.ly/1HbuYgc

Afterword

1. Loving Hut. Wikipedia. http://bit.ly/1IsbUdZ

NOTIZIE SULL'AUTORE

Michael Lanfield si è classificato al primo posto su Amazon come autore dei due bestseller "The Interconnectedness of Life (L'Interconnessione della Vita)" e "The Journey (Il Viaggio)". Egli è un facilitatore certificato della World Peace Diet, educatore e documentarista. Ispirato dal Dr. Will Tuttle e Mango Wodzak, i suoi seminari sono informativi, stimolanti e comunicativi. Egli è il fondatore delle organizzazioni no profit "We Are Interconnected (Siamo Tutti Interconnessi)" e "The Vegan Sandwich (Il panino vegano)".

www.ingramcontent.com/pod-product-compliance
Lightning Source LLC
Chambersburg PA
CBHW071345280526
45787CB00001B/225